대한민국

부동산

7가지 질문

대한민국
부동산
7가지 질문

하승주 지음

스마트북스

1쇄 발행 2017년 7월 5일
4쇄 발행 2017년 8월 11일

지은이 하승주
펴낸이 유해룡
펴낸곳 ㈜스마트북스
출판등록 2010년 3월 5일 | 제313-2011-44호
주소 서울시 마포구 성미산로 84(성산동, 4층) 월드PGA빌딩 4층
편집전화 02)337-7800 | **영업전화** 02)337-7810 | **팩스** 02)337-7811
홈페이지 www.smartbooks21.com

ISBN 979-11-85541-53-2 13320

원고투고 : www.smartbooks21.com/about/publication

copyright ⓒ 하승주, 2017
이 책은 저작권법에 따라 보호받는 저작물이므로 무단 전재와 무단 복제를 금합니다.
Published by SmartBooks, Inc. Printed in Korea

대한민국 부동산 현실에 질문을 던지다

나날이 심각해지는 청년층의 주거 문제부터 철마다 돌아오는 전세 대란, 수십 년의 월급을 모아도 장만하기 어렵다는 아파트 가격, 가장 확실한 투자법이라는 부동산 불패신화까지, 집과 부동산을 둘러싼 문제에서 자유로울 수 있는 사람은 없다.

부동산이 우리에게 얼마나 중요한 상품인지는 너무나 명백하다. 부동산은 대한민국 가계자산의 80%를 차지한다. 그래서 우리나라 국민들 대부분은 부동산에 관해서라면 준전문가가 되어 있다. 부동산 이야기가 한번 화제로 오르면 저마다 나름대로의 근거를 가지고 미래를 전망하고, 이런저런 현실의 문제점을 짚으면서 지난날의 성공과 실패를 되씹는 자리가 펼쳐지곤 한다. 그럴 수밖에 없는 것이, 월세를 살든 전세를 살든, 집을 보유하고 있거나 임대 수익을 올리고 있거나 간에 대다수의 사람들에게 부동산은 거의 전 재산이 걸린 문제이기 때문이다. 그러니 관심과 고민이 깊을 수밖에.

부동산에 관한 올바른 질문 찾기

이런 상황에서 부동산에 관한 이야기를 풀어놓는 것은 조심스러울 수밖에 없다. 국민 모두의 관심이 몰려 있고, 전문가 반열에 올라 있을 정도의 식견을 가진 이들도 적지 않기에 더욱 그렇다. 그러나 우리들이 나누는 부동산 이야기에는 종종 수많은 억측과 오해가 교차하기도 하고, 불합리한 가정이 전제되기도 하며, 무엇보다 '주술적 예언'이 전망의 옷을 걸쳐 입고 등장하기도 한다. 따라서 좀더 진지하게 부동산에 대해 묻고 대답하는 과정이 필요하다고 믿었다.

단도직입적으로 말해 부동산에 관련된 책을 집어 든 사람들의 궁금증을 거칠게 요약하자면 "그래서 앞으로 부동산이 오른다는 말인가? 내린다는 말인가?"일 것이다. 그러나 이것은 좋은 질문이 아니다.

그 이유는 첫째, 이 질문은 답을 내기 어렵고, 둘째, 그 답을 믿기도 어려우며, 셋째, 그 답은 시시각각 변하기 때문이다. 질문이 올바르지 못하면 답변도 빗나가기 마련이다. 그러므로 이 책에서 가장 집중한 것은 부동산을 둘러싼 '올바른 질문'을 찾는 것이었다.

대폭락은 왜 일어나지 않았는가?

지난 10년간 우리 사회에서 부동산을 둘러싼 가장 뜨거운 질문은 사실상 "대폭락이 올 것인가?"였다. 우리는 불안한 미래를 걱정하면서 10여 년간 그 질문의 틀을 가지고 세상을 바라보았다.

그러나 지금 되돌아보면 현실은 전혀 다르게 흘러왔다. 이제는 질문을 바꿀 때이다. "왜 그동안 대폭락은 일어나지 않았는가?"라고 다시 질문해보자. 미래를 예측하기 위해서는 과거를 되짚어보고 현재를 관찰하는 것이 필요하기 때문이다. 궁금한 것은 미래의 일이지만, 먼저 과거와 현재를 살펴보는 가운데 오히려 그 답을 찾을 수 있을 것이다.

그간 부동산 시장의 화두였던 '대폭락'에 대해 질문의 방향을 과거로 바꾸는 가장 큰 이유는 일단 답변이 가능하기 때문이다. 지나온 사건들의 인과관계를 짚어보는 것은 예언의 영역이 아니라 분석의 영역이다. 일단 그 분석이 이루어져야만 미래의 전망과 방향에 대해서도 윤곽을 그려나갈 수 있다. 또한 이 질문에 답하는 과정에서 우리는 대한민국의 부동산 현실을 좀더 차분하게 바라볼 수 있게 될 것이다. 과거와 현재의 부동산 시장에 대한 냉정한 현실 인식이 있어야만, 앞으로 시장은 이러저러해야 한다는 당위의 관점이나 변화의 방향에 대한 조심스러운 전망도 가능할 것이다. 그래서 먼저 묻고자 하는 것은, 지금 우리가 살고 있는 이곳의 상황은 어떤가이다.

일곱 가지 핵심 질문으로 알아보는 부동산의 현실

올바른 질문이 있다면 그에 걸맞은 답변도 있어야 할 것이다. 특히 부동산에 관한 논쟁은 유별나게 치열하다. 이해관계가 뚜렷하게 갈리는 분야에서 가장 먼저 사라지는 것은 객관성이다. 각자의 유불리에 따라 논쟁의 근거들이 자의적으로 취사선택되고, 그래서 옳은 답변보다는 듣기에 기분 좋은 답변을 애써 믿으려는 경우도 흔하게 일어난다. 그렇다고 해서 무조건 긍정적인 이야기만 늘어놓거나 사실을 이야기하는 것을 두려워한다면, 부동산에 관해서는 아무 이야기도 할 수 없을 것이다. 중요한 것은 얼마나 설득력이 있느냐이고, 그 논리가 옳은지의 여부는 시장이 최종적으로 판단해줄 것이다. 모두가 좋아할 만한 이야기만을 골라서 하는 것은 비겁한 일이다. 이 책에서 필자는 최소한 비겁하지는 않고자 노력했다.

이제 대한민국 부동산의 현실에 대해 질문을 던지고자 한다. 일단 최대한 진지하게 질문을 던져보고, 그 답을 얻기 위해 데이터를 모으고 논리를 세우고 현실을 검증하다 보면 우리를 둘러싼 상황에 대해 대략의 윤곽이 그려질 것이라 믿는다.

핵심 질문은 다음의 7가지이다.

- 왜 부동산 대폭락은 오지 않았나?
- 부동산 대폭락이 오면 어떤 일이 벌어지는가?
- 부동산이란 어떤 상품인가? 그리고 한국 부동산은 무엇이 다른가?
- 한국의 부동산 가격은 어떻게 결정되는가?
- 내집마련의 꿈은 어떻게 이용되는가?
- 전세가는 왜 이렇게 올랐나?
- 주택 시장의 대변화는 어떻게 시작될 것인가? 그리고 부동산 투자, 언제가 최고 타이밍인가?

부동산 시장은 늘 우리의 기대나 낙심과는 무관하게 휙휙 변화한다. 어떤 때는 산들바람 같은 작은 변화가 오지만, 어떤 때에는 모든 것을 날려버리는 태풍이 불어닥치기도 한다. 그런데 정작 그 바람의 한가운데 있는 우리는 이 바람이 어디에서 불어오는지, 얼마나 강력한지를 정확히 알지 못하고 온몸을 내맡긴 채 그 안에서 흔들리곤 한다. 최소한 시장에 불어오는 바람이 어떤 것인지를 알아보자는 것이 이 책의 목적이다.

작은 변화에 일희일비하다가 큰 변화를 놓치고 지나가는 일은 우리 모두가 흔히 겪는 실수이다. 이를 피하기 위해서는 꿋꿋한 자기중심이 있어야 할 것이다. 대한민국 부동산 시장에 이를 대입해본다면 시장을 움직이는 동인이 무엇인지를 살펴보고, 이 시장이 갖는 보편적인 특징과 고유한 특징이 무엇인지 따져보면서 있는 그대로의 현실을 편견 없이 해석하려는 노력이 필요할 것이다. 이 책이 그러한 노력에 작은 도움이 되기를 바란다.

2017년 7월
하승주

차례

머리말 · 대한민국 부동산 현실에 질문을 던지다 · 5

1장. 왜 대폭락은 오지 않았나?

1. 대폭락은 없었다 · 17
2. 한국은 대폭등이 없었다 · 22
3. 정부정책이 달랐다 · 28
4. 정부정책을 보는 눈 · 35

 미·일의 전철을 밟지 않으려면 · 43

2장. 부동산 대폭락이 온다면

1. 청산주의의 악령 · 47
2. 우리 옆의 대폭락 경험 · 55
3. 건설업종의 부진 · 58
4. 금융위기의 발생 · 61
5. 부의 재분배 악화 · 69
6. 대폭등·대폭락 예언, 무엇이 문제인가? · 76
7. 한국 부동산이 대폭락한다면 · 79

3장 한국 부동산, 무엇이 다른가?

1. 한국 부동산의 독특한 특성 · 87
2. 필수재로서의 부동산 – 한국 부동산의 장기 추이 · 91
3. 자산재로서의 부동산 – 한계효용 체증의 법칙 · 97
4. 부동산 시장의 가격 메커니즘 · 102
5. 부동산 불패신화는 유효한가? · 104

4장 한국 부동산 가격은 어떻게 결정되는가?

1. 부동산 가치를 가늠하는 두 가지 지표 · 109
2. 수요① 인구 변화의 감춰진 이면 · 114
3. 수요② 가구수 변화의 숨은 속살 · 118
4. 수요③ 국민소득과 부동산 가격의 불편한 진실 · 127
5. 수요④ 금리 인상이 폭락 신호탄이 아닌 이유 · 131
6. 수요⑤ 전세가율이 알려주는 시그널 · 134
7. 공급① 정부 공급정책과 부동산 가격의 상관관계 · 141
8. 공급② 부동산 공급을 보는 또 다른 눈 · 148

5장 내집마련 꿈은 어떻게 이용되는가?

1. 한국의 자가점유율 · 155
 주택보급률, 자가점유율, 자가보유율 · 159
2. 미국은 주택 자가보유율을 어떻게 높였나? · 162
3. 자가보유율 확대 정책의 함정 · 172
4. 한국은 자가보유율 유혹에서 자유로운가? · 176
 한국의 도시 재정비 방식 · 184

6장 전세가는 왜 이렇게 올랐나?

1. 한국에만 있는 독특한 전세제도 · 189
2. 전세가는 왜 계속 올랐을까? · 199
3. 전세가는 앞으로도 계속 오를까? · 202

7장 부동산, 언제가 최고 타이밍일까?

1. 집주인은 왜 깐깐한 노인들이 많을까? · 209
   - 한국 임대차 시장의 특수성
2. 독일 임대 시장의 시사점 · 221
3. 거대한 변화의 시작 · 229
4. 기업의 임대 시장 진출이 가져올 변화 · 234
5. 주택 구매의 리스크가 줄어들었다 · 239

참고문헌 · 246
주 · 250
찾아보기 · 252

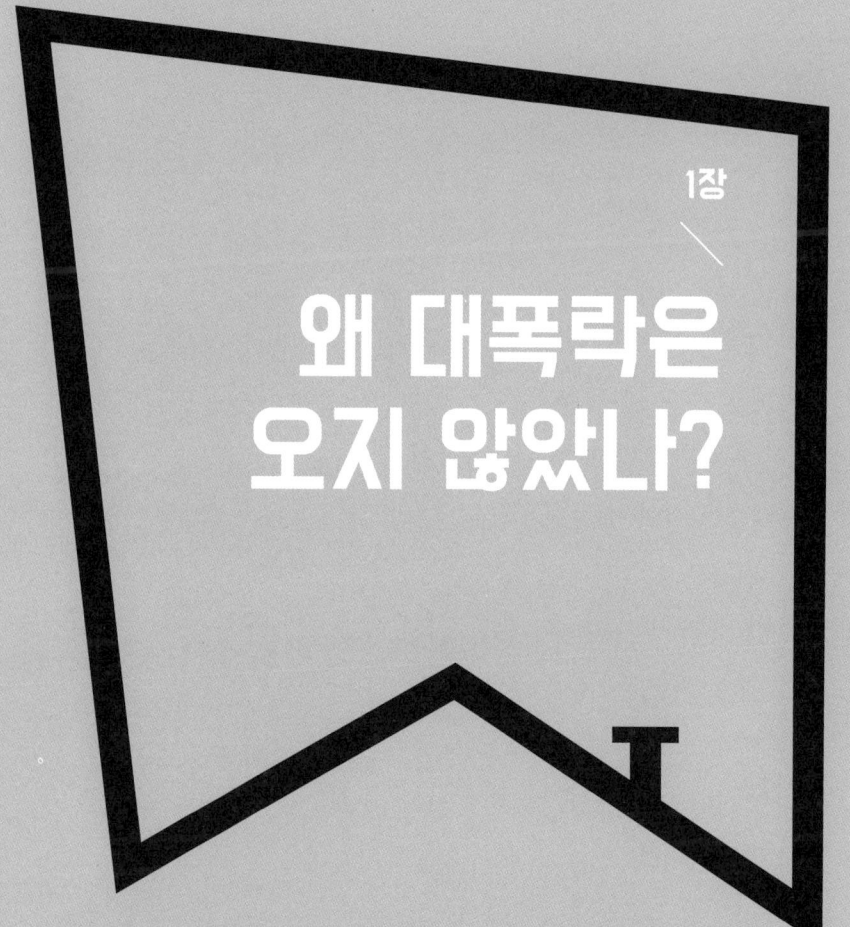

1장

왜 대폭락은
오지 않았나?

한국 정부는 일본과 달리 당시의 경기 호황을 면밀하게 관리했다.
무려 총 30여 차례의 부동산 안정책을 쏟아냈고, 부동산 가격 안정을
위한 모든 방안을 총동원했다.
결과적으로 당시 한국은 세계적으로 가장 안정적인 수준으로
부동산 가격을 관리할 수 있었고,
이후 이어진 세계 금융위기에서도
성공적으로 탈출할 수 있는 체력을 비축했다.

section 1

대폭락은 없었다

한국 부동산에 대한 주술적 예언들

2008년 미국발 금융위기 이후로 전 세계의 부동산 가격은 대폭락을 경험했다. 위기의 진원지인 미국에서는 2007년 1월부터 2009년 1월까지 2년간 기존 주택의 가격은 −24%, 신규 주택의 가격은 −19.6%나 하락했다.[1] 유럽도 사정은 비슷하여 2007년의 고점에서 영국은 −18%, 스페인은 무려 −37% 주택가격이 폭락하기도 했다.[2]

물론 당시의 경제위기 상황에서 부동산만 폭락한 것은 아니다. 주식도 폭락했고 원자재 가격 역시 폭락했다. 2008년 금융위기가 본격화된 이후, 미국 다우지수는 13,000대에서 2009년 3월 6일에는 6,626이라는 역사적인 저점을 기록하면서 반 토막이 났다. 원유 가격의 변동은 더욱 극적이었다. 2008년 6월 원유 가격은 배럴당 145달러대까지 치솟아 오르다가 단 3개월 만에 배럴당 30달러대로 폭락했다. 이대로 세계 경제에 아마겟돈이 펼쳐지는 것 아니냐는 공포가 전 세계를 휩쓸고 있었다.

이러한 세계적 경제위기에서 당연히 우리나라도 예외가 될 수 없었다. 주가 급락과 원화 가치 폭락에 이어 드디어 우리에게도 '부동산 대폭락이 올 것'이라는 전망이 여기저기에서 나왔다. 인터넷 게시판을 중심으로 경제 분야 논객들만 이런 의견을 내놓은 것이 아니다. 대한민국 유수의 경제연구기관들에서도 부동산 폭락을 우려하는 보고서들이 쏟아져 나왔다. 그만큼 상황이 심각해 보였다.

정말 대폭락이 없었다고?

하지만 결과적으로 말하면, 대한민국 부동산은 대폭락하지 않았다. 강남, 서초, 송파, 목동, 분당, 용인, 평촌 등 이른바 '버블 세븐'을 위시로 한 일부 지역의 아파트 가격이 한동안 상당히 하락하는 일은 있었지만, 전반적으로 보면 대한민국 부동산 가격은 폭락하지 않았다. 폭락은커녕 일부 지역의 경우 오히려 대폭 상승하는 경우도 있었다. 아니, 정말 폭락이 없었다고? 못 믿겠다고?

머리말에서 말했듯, 우리가 흔히 주고받는 부동산 이야기에는 사실 수많은 억측과 오해가 교차하기도 하고, 불합리한 가정이 전제되기도 하며, 무엇보다 '주술적 예언'이 전망이라는 탈을 쓰고 등장하기도 한다. 그리고 그런 태도는 자칫 우리 스스로에게 대한민국의 경제 흐름을 잘못 읽게 하고, 때로는 잘못된 판단을 불러일으키며, 그로 인해 손해를 보게 하기도 한다.

사실 부동산 시장에 대한 판단만큼 개인, 또는 한 가정의 자산에 큰 영향을 미치는 것이 또 있겠는가? 그러나 경제는 도덕이나 종교가 아니다. 그러니 이제 좀더 냉정하게, 대한민국의 부동산이 정말 폭락하지 않았는지 찬찬히 살펴보자.

다음은 한국감정원에서 발표하는 아파트 매매 가격 동향을 연간 단위로 표시한 것이다. 전국, 수도권, 서울의 세 가지 기준으로 그래프를 그려봐도, 2007년부터 시작된 세계적인 주택가격 하락의 흐름을 확인하기란 쉽지가 않다. 오히려 연간 기준으로 전년 대비 전국 아파트 가격이 하락한 해는 2013년이 유일하다. 아파트 가격을 기준으로 보면 2007년의 서브프라임 모기지(subprime mortgage) 사태는 우리나라에 거의 영향을 미치지 않았다고도 말할 수 있다.

한편 영국의 경제주간지 『이코노미스트』가 제공하는 글로벌 부동산 가격지수를 보아도, 대한민국의 부동산 가격은 매우 안정적인 흐름을 이어가고 있다.

다음의 그래프는 2000년부터 2015년까지 미국과 한국의 물가상승

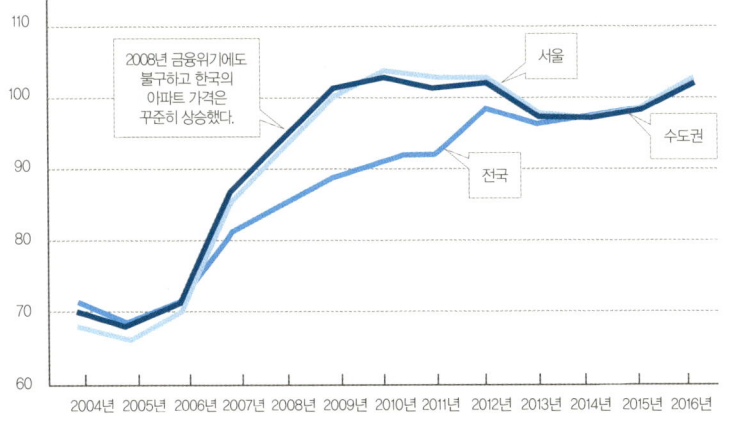

전국 아파트 매매 가격지수   기준: 2015년 6월=100 | 출처: 한국감정원

률을 감안한 부동산 실질가격지수를 표시한 것이다. 미국 부동산 시장은 2008년 금융위기 이후 급락했다가 점차 회복되어가는 형태를 보이고 있는 데 비해, 한국은 큰 등락 없이 꾸준한 흐름을 이어가고 있다.

이처럼 한국의 부동산 시장은 2008년 금융위기 이후 30% 가까운 하락을 경험한 미국이나 유럽의 사정과는 비교조차 할 수 없을 정도로 안정적인 모습을 보여왔다.

물론 아직도 미국발 서브프라임 모기지 사태의 여진은 이어지고 있다. 세계는 여전히 경기부진과 고실업에 시달리고 있으며, 상당수의 국가가 엄청나게 불어난 국가부채로 고통을 받고 있다. 지금까지는 일어나지 않았지만 멀지 않은 미래에 대폭락이 실제로 일어날 수도 있다.

미국과 한국의 부동산 실질가격지수 비교 기준: 2000년 1분기=100 | 출처: 『이코노미스트』

한국의 부동산 실질가격지수는 꾸준한 상승 흐름을 보이고 있다.

미국의 부동산 실질가격지수는 2008년 금융위기 이후 크게 폭락했다가 회복되었다.

앞으로의 일을 누가 정확히 예측할 수 있겠는가? 미래에 닥칠 상황을 예언하는 것은 아무리 전문가라 해도 쉬운 일이 아니다. 우리는 일단 질문의 방향을 이미 일어난 과거의 일에 대한 것으로 바꿔보자.

"왜 대폭락은 오지 않았는가?"

나는 이 질문이 현재 시점에서 대한민국의 부동산 문제를 풀어갈 수 있는 핵심 키워드라고 생각한다. 지난 수년 동안 이어져온 부동산 담론에 담겨 있는 수많은 오해와 억측을 드러내고, 대한민국 부동산의 현실을 객관적으로 볼 수 있게 만드는 힘이 있는 질문이기 때문이다.

그렇다면 우리는 어떻게 당시 다른 선진국이 겪어야 했던 대폭락을 피할 수 있었을까? 그 원인으로는 크게 세 가지를 들 수 있다. 이제 그 점을 살펴보자.

section 2

한국은 대폭등이 없었다

산봉우리가 높아야 골짜기도 깊을 것이다. 역사상 대부분의 부동산 폭락 사태는 직전의 대폭등 이후에 벌어졌다. 가장 최근이라 할 수 있는 미국의 서브프라임 모기지 사태 이후의 폭락도 그렇고, 그보다 먼저 일어난 1990년 일본 부동산의 버블 붕괴도 마찬가지이다. 그런데 이에 비해 한국은 2000년대 이후로 '대폭등'이라고 할 만한 상승이 없었다.

주택가격 상승률, OECD 평균의 절반

지난 참여정부 시절(2002~07년) 허구헌날 부동산이 폭등하고 있다며 이어지던 그 수많은 기사들을 기억하는 사람이라면, 이게 대체 무슨 소리냐고 할 것이다. 하지만 사실이다. 대한민국의 부동산은 꾸준히 가격이 오르기는 했지만, 경제학적으로 '대폭등'이라고 할 만한 상승을 한 것은 아니었다. 진보와 보수를 막론하고 모든 언론이 입을 모아 그렇게 성토했던 부동산 가격은 사실 다른 나라에 비해서는 상대적으로 매우 안정적인 흐름을 이어갔다고 보아야 한다. 이것은 어떤 기준으로 들여다보더라도 명확하다.

다음은 2000년부터 2006년까지의 물가상승률을 반영한 OECD 주요 국가의 실질 주택가격 상승률을 보여주는 그래프이다. 당시는 전 세계적으로 유동성이 흘러 넘치면서 글로벌 부동산 경기가 대호황을 경험했던 시기이다.

그 무렵 OECD 국가의 평균 실질 주택가격 상승률은 무려 42%를 기록했으며, 특히 버블이 심각했던 스페인은 심지어 90%가 넘는 실질 상승률을 기록했다. 하지만 당시 대한민국의 실질 주택가격 상승률은 OECD 평균의 절반에 불과한 21%였다.

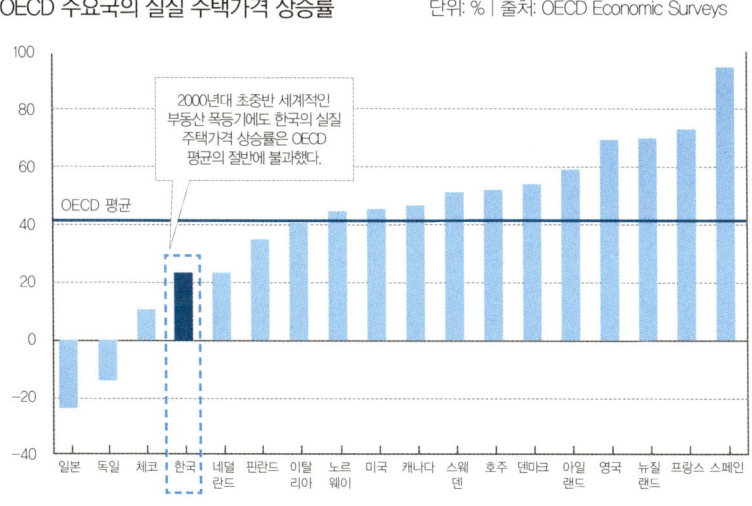

앞의 그래프에서 볼 수 있듯, 한국보다 부동산 가격 상승률이 낮았던 국가는 일본이나 독일 정도가 전부였다. 일본과 독일의 부동산 가격이 안정적이었던 이유는 쉽게 알 수 있다. 당시 그 두 나라는 심각한 불경기를 겪고 있었기 때문이다.

일본은 알다시피 1990년 부동산 버블 붕괴 이후로 (약간의 변동은 있었지만) 꾸준히 침체를 기록하고 있었다. 독일은 2000년대 초반까지도 동서독 통일의 후유증으로 경기침체가 이어지고 있었고, 당시는 '유럽의 병자'라는 이야기까지 듣고 있던 시기였다. 독일이 부흥하게 된 것은 2002년부터 시작된 노동 시장 개혁 프로그램인 '하르츠 개혁(Hartz reform)'의 효과가 발생하기 시작한 2005년 이후의 일이다. 이전까지 독일은 경제성장률이 3% 미만, 실업률이 10%대에 육박하는 불경기를 오랫동안 거쳐오고 있었다.

한국 부동산, 왜 폭등하지 않았는가?

그렇다면 한국은 왜 부동산 가격이 폭등하지 않았을까? 한국도 독일이나 일본처럼 불경기였기 때문일까?

아니다. 당시 한국의 경제상황은 어떤 경제지표를 들이대더라도 '훌륭했다'고 평가받을 수준이었다. 카드사태가 있었던 2003년을 제외하고, 2002~05년 동안 매년 경제성장률은 4~5%를 기록했고, 삼성전자와 현대자동차가 세계적인 기업으로 거듭나고 있었으며, 조선업은 세계 1위를 굳히고 있었다.

한국의 1인당 GDP는 2002년 11,257달러에서 2007년에는 23,103달러를 기록했다. 단 5년 만에 1인당 국민소득이 2배가 넘게 올랐던 것이다!(아, 그리운 시절이다.) 이만한 호황이 어디 있었겠는가?

2000년대 초중반의 한국 경제는 이처럼 1980년대 후반 일본의 버블기와 매우 닮아 있었다. 이 시기 한국과 일본을 비교해보면 세 가지 면에서 유사점을 보인다.

첫째, 대규모 경상수지 흑자를 통해 국내로 돈이 밀려들어오고 있었다. 이 시기 일본과 한국은 GDP 대비 경상수지 흑자가 연평균 2%대에 이르렀다.

둘째, 경제성장률이 4~5%대를 기록하면서 충분히 높았고 실업률도 완전고용에 가까웠다. 특히 일본은 버블 시기에 2%대의 기록적으로 낮은 실업률을 기록하던 참이었다. 한마디로 최고의 호황기였다.

셋째, 양국의 금리는 모두 낮은 수준을 유지했다. 일본은 부동산 버블이 한창이던 1987~89년 2.5%대의 낮은 기준금리를 유지했고, 이는 버블을 키우는 데 결정적인 역할을 했다고 평가받는다.[3] 경기 호황기에는 보통 물가도 크게 뛰기 마련이다. 그런데 한일 양국은 두 시기에 물가상승률이 매우 낮았다. 이렇게 물가에 대한 부담이 없다면 금리도 낮은 수준을 유지할 수 있다. 2000년대 초중반의 한국도 금리는 꾸준히 낮아지는 추세였다. 2002년 5월 4.25%를 기록했던 기준금리는 2004년 11월 3.5%대까지 낮아졌다.

이 세 가지 조건은 모두 시장에 돈이 흘러 넘치게 만드는 요인들이다. 일단 무역을 통해서 외국에서 돈을 많이 벌어오면 외화 소득이 늘어나게 되고, 경제가 빠르게 성장하고 실업률이 낮아지면 임금이 오르고 가계소득이 늘어나며 시중에 돈이 많아지게 된다. 여기에 금리까지 낮았으니 사람들이 돈을 쉽게 빌리게 되고, 시장에는 돈이 흘러 넘치

1988~91년 일본 버블기의 주요 경제지표 출처: 일본은행

연도	경제성장률	물가상승률	실업률	GDP 대비 경상수지 비율	기준금리
1988년	6.8%	0.7%	2.5%	2.7%	2.5%
1989년	5.3%	2.2%	2.3%	2.1%	2.5%
1990년	5.2%	3.1%	2.1%	1.4%	4%
1991년	3.3%	3.4%	2.1%	2%	6%
평균	5.2%	2.4%	2.3%	2.1%	3.8%

2000년대 초중반 한국 경제는 1980년대 후반 일본 부동산 버블기와 매우 흡사했다.

2002~05년 한국의 주요 경제지표 출처: 한국은행

연도	경제성장률	물가상승률	실업률	GDP 대비 경상수지 비율	기준금리
2002년	7.4%	2.8%	3.3%	0.8%	4.25%
2003년	2.9%	3.5%	3.6%	1.7%	3.75%
2004년	4.9%	3.6%	3.7%	3.9%	3.25%
2005년	3.9%	2.8%	3.7%	1.4%	3.75%
평균	4.8%	3.2%	3.6%	2.0%	3.8%

게 된다. 이렇게 돈이 많아지면 사람들은 물건을 사게 마련이고, 큰돈이 많아지면 비싼 물건을 사게 될 것이다. 결국 시장의 돈과 투자심리가 자연스레 부동산 시장으로 몰리게 되는 것이 보통이다.

앞에서 살펴보았듯이, 당시 한일 양국은 시장에 돈이 많아질 요건을 갖추었다. 하지만 일본은 망국적인 부동산 버블과 폭락을 겪었고, 우리는 OECD 주요국 중에서 가장 안정적으로 부동산 가격을 관리한 나라가 되었다.

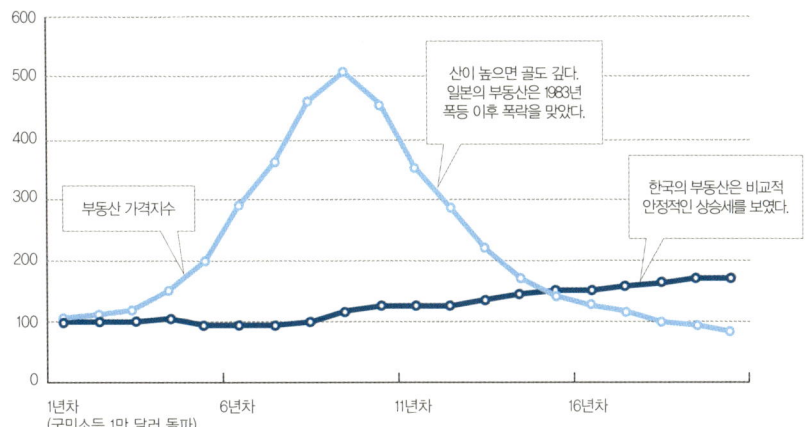

한국과 일본의 국민소득 1만 달러 돌파 후 부동산 가격지수 출처: 통계청, SK증권

그렇다면 유럽과 미국의 부동산이 그렇게 폭등, 또는 폭락하던 바로 그 시기에 한국은 어떻게 부동산 폭등과 폭락을 피할 수 있었을까? 이제 이 부분을 좀 더 들여다보자.

section 3

정부정책이 달랐다

앞에서 말했듯이, 1980년대 후반의 일본과 2000년대 초중반의 대한민국은 외적인 경제조건이 많이 닮아 있었다. 그러나 두 나라 정부의 대응은 전혀 달랐으며 매우 대조적이었다. 일본 정부는 부동산 거품을 방치하는 것을 넘어 오히려 조장하는 것이 아닌가 싶을 정도였지만, 한국은 무수한 비난을 들으면서도 끝까지 부동산 안정정책을 밀고나갔다.

버블을 키운 일본

1980년대 일본의 부동산 버블은 현대 세계사에서 유례가 없을 정도로 엄청났고, 당시 세계 경제의 주요 흐름이 한곳으로 합쳐져서 일어난 대사건이었다. 하지만 일본 정부는 부동산과 주식 시장이 비정상적으로 급등하는 상황에서도 이를 진정시킬 정책적 수단을 거의 쓰지 못했다. 엄청난 무역흑자로 달러가 밀려들어 시중에 돈이 크게 늘어났는데도,

기준금리를 인상하지 않고 저금리를 유지했다. 시중에 돈이 넘치면 물가가 오르고 경기가 과열되며 부동산과 주식 등 자산 시장에 버블이 낄 수 있는데도 이를 방치한 것이다.(이런 실수는 2000년대 미국 부동산 버블 때도 되풀이되었다.) 설상가상으로 정부가 금융규제까지 완화하자, 금융시장의 돈이 부동산 시장으로 쏟아져 들어갔다.

일본은 원래 기업과 은행 간의 결합이 매우 강력한 나라이다. 은행이 기업의 지분을 상당수 확보하고, 기업의 자금 수요에 대해서도 맨투맨 방식으로 대응해주는 시스템이 오랫동안 유지되어왔다. 그런데 1980년대 후반부터 기업들은 금융 자율화의 영향으로 은행 대출 말고도 국내에서는 전환사채, 해외에서는 신주인수권부사채를 발행하는 방식으로 자금을 조달하기 시작했다. 기업의 대출 수요가 줄어들자, 은행은 개인에 대한 부동산 투자 대출을 늘렸다. 금융 자율화는 기업으로 향하던 은행 자금의 물길을 가계로 돌려버린 것이다. 이 돈의 물길은 자연스럽게 부동산 시장으로 향했다.

일본 국내은행의 부동산 산업 대출 추이   단위: %, 전년 대비 | 출처: 『KDB 경제이슈』

	1981~84년 평균	1985~89년 평균	1985년	1986년	1987년	1988년	1989년
부동산 산업 대출 증가율	14.0%	23.1%	22.9%	35.1%	17.3%	12.5%	27.7%
총대출 증가율	10.0%	11.7%	10.1%	9.2%	9.5%	7.1%	22.4%
부동산 산업 대출/총대출(기말)	7.5%	12.2%	8.4%	10.4%	11.1%	11.7%	12.2%

정부가 전면에 나선 한국

앞에서 말했듯이, 2000년대 초중반에는 세계 경제 상황이 전반적으로 좋았기에 한국도 수출이 잘되어 경상수지가 연일 흑자를 기록했고, 경제성장률도 높았으며, 저금리로 인해 부동산 가격이 상승하기 시작했다. 여기에 서울시의 뉴타운 정책이 발표되자 부동산 경기에도 불이 붙기 시작했다. 하지만 한국 정부는 일본과 달리 당시의 경기 호황을 면밀히 관리했다. 그리고 부동산 가격 상승이 시작된 2003년 이후 크게 보아 7차례, 이런저런 보완 대책들까지 합치면 무려 총 30여 차례의 부동산 안정정책을 쏟아냈다.

부동산 대책의 방향도 전방위적이었다. 종합부동산세(이하 '종부세'로 표기)와 양도소득세를 비롯한 세금대책, 실거래가 신고를 의무화한 거래 투명화, LTV(Loan To Value, 주택담보대출 비율)·DTI(Debt To Income, 총부채상환비율)로 대표되는 금융규제책, 신도시 개발과 같은 공급 확대책 등 부동산 가격 안정을 위한 모든 방안을 총동원했다. 당시 부동산이 폭등했던 다른 국가에서도 이런저런 대책을 마련했지만, 한국처럼 정부가 전면적으로 나선 국가는 없었다.

그 무렵 참여정부는 부동산 정책을 내놓을 때마다 언론으로부터 조소를 당했다. 부동산은 정책으로 잡히는 것이 아니라는 둥, 세금을 동원하는 것은 반시장적이라는 둥, 시장의 변화에 따라 그저 내버려두는 것이 최고라는 둥의 담론들이 늘 언론을 장식했다. 하지만 정부는 꿋꿋이 정책을 펼쳐나갔다.

결과적으로 한국은 세계적으로 가장 안정적인 수준으로 부동산 가격을 관리할 수 있었고, 이후 이어진 2008년의 서브프라임 모기지 사태로 촉발된 금융위기에서도 성공적으로 탈출할 수 있는 체력을 비축할 수 있었다.

참여정부의 부동산 정책을 크게 나누자면 세 가지로 분류할 수 있다. 바로 수요 억제 정책, 공급 확대 정책, 거래 투명화 정책이다. 세부적인 각각의 정책 중에는 그 무렵 부동산 시장의 상황과 맞물려서 효과가 컸던 정책도 있고 비난만 받고 물러난 정책도 있었다. 하지만 이 정책들 덕분에 세계적 부동산 폭등의 시기에 우리 부동산 시장이 그나마 안정될 수 있었다.

수요 억제 정책

먼저 수요 억제 정책을 살펴보자. 주택담보대출 비율인 LTV와 총부채상환비율인 DTI로 상징되는 금융 관련 규제가 대표적인 예이다. LTV는 은행이 주택을 담보로 돈을 빌려줄 때, 주택가격 대비 최대 담보대출 가능 한도를 말한다. 이를테면 LTV가 60%라면 1억원 아파트의 경우 6천만원까지 대출받을 수 있다. DTI는 연소득에 따른 연간 대출 상환 능력을 보는 것이다. DTI가 60%일 경우, 연소득이 5천만원이라면 연간 상환 금액 3천만원까지 대출받을 수 있다. 이처럼 대출을 규제함으로써 부동산 경기를 안정화하고 금융기관의 안정을 꾀하는 것이 목적이다.

정부의 수요 억제 정책은 주류 언론으로부터 가장 큰 공격을 받았다. 그들은 억지로 시장 수요를 줄이려고 하는 정부의 노력은 실패할 수밖에 없으며, 오히려 시장을 왜곡시킬 것이라고 비판했다.

물론 정상적인 시장의 수요를 억제한다는 것은 거의 불가능에 가깝다. 특히 부동산은 주거생활의 기본을 이루는 공간이자 필수재이지 않은가. 그러나 정책의 구체적인 면을 살펴보면 달리 보이는 측면이 있다.

당시 수요 억제의 목표는 투자 목적의 '가수요 억제'에 집중되어 있었다. LTV나 DTI 등의 대출 규제책은 특히 대출을 통해 부동산 투기에 나서는 다주택 투자자에게 타격이 가게 된다.

무엇보다 투자 목적의 가수요 억제 정책은 세금 부문에서 두드러진다. 일단 다주택 보유자에 대해서 양도세를 인상했고, 종부세(종합부동산세)를 비롯한 보유세를 올려서 투자 목적의 부동산 보유를 억제하고자 했다. 다주택 보유자들에 대해 세금이나 금융 면에서 다양한 규제책이 시행된 것이다.

공급 확대 정책

당시 언론은 부동산 가격을 잡기 위해서 가장 필요한 것은 공급 확대인데, 정부가 이를 도외시하고 수요 억제 정책에만 열을 올린다는 식의 비판을 많이 했다. 그러나 실제로는 공급 확대 정책도 함께 꾸준히 추진되었고, 이에 '토건족 정부'라는 식의 비판이 나오기도 했다. 어쨌든 정부는 수도권 일대에 공공택지를 꾸준히 공급하며 국민임대주택을 지어서 보급했고, 저소득층이나 생애 최초 주택 구매자에 대한 금융지원을 늘려나갔다.

역대 정부의 주택공급량을 비교해보면, 김영삼 정부는 5년간 연평균 62만 호, 김대중 정부는 연평균 45만 호, 참여정부는 53만 호, 이명박 정부는 45만 호를 기록했다. 물론 이런 주택공급량이 적절했는지는 시장의 상황과 국민주택보급률 등 여러 변수를 따져보아야 하겠지만,

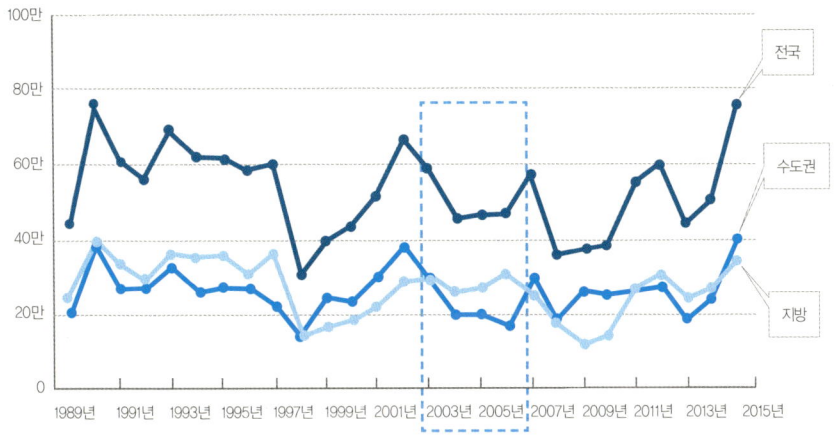

한국의 연도별 주택공급량 　단위: 호 | 출처: 국토교통부, 「주택건설실적 통계」

절대량으로 보아 당시의 주택공급이 모자랐다고 평가하기는 힘들다.

거래 투명화 정책

참여정부는 부동산 폭등을 막기 위해 적극적인 거래 투명화 정책을 폈다. 당시에는 그리 주목받지 못했지만, 장기적으로는 시장에 가장 중요한 영향을 미칠 수 있는 정책이었다. 부동산 거래가 차명거래 등으로 왜곡되지 않아야 시장이 공정하게 운영될 수 있고, 정부의 세금정책도 제대로 실행될 수 있기 때문이다.

거래 투명화를 위한 조치 중에서 가장 중요한 것은 2005년의 8.31 부동산 대책에 포함된 것으로, 실거래가 신고를 의무화하고 이를 등기부에 기재하게 한 것이다. 8.31 대책은 종부세나 양도세 강화 등 세금 문제에서 주목을 많이 받았지만, 부동산 전문가들은 오히려 이 실거래가 의무화 조치를 더욱 중요하게 여기기도 했다. 그만큼 장기적으로 시장에 큰 변화를 가져올 것이라는 기대를 품었던 것이다.

당시 참여정부의 부동산 대책이 집대성되었다는 평가를 받았던 2005년 8.31 대책의 내용을 표로 정리해보면 다음과 같다. 부동산 가격 안정과 시장 기능 회복을 위해 정부가 얼마나 안간힘을 썼는지 느낄 수 있을 것이다.

2005년 8.31 부동산 대책의 주요 내용

구분	내용
주거 안정	· 주택구입자금 5천억원 증액(1조 5천억원→2조원) · 생애최초주택구입자금 지원 재개 · 저소득층 전세자금 대출금리 인하(영세민 3.0→2.0%, 근로자 5.0→4.5%) · 개발제한구역 해제 예정지 국민임대주택 단지 추가 확대 · 10년 장기 민간 건설 임대주택 활성화
주택 거래 투명화	· 실거래가격 신고 의무화 및 등기부 기재
주택 시장 안정	· 종합부동산세 세대별 합산, 기준금액 6억원 초과로 조정 · 주택분 재산세 과표 적용률 2006년부터 5%p씩 상향 조정 · 양도소득세 실거래가 과세 및 1가구 2주택 중과(50%) · 개인 간 주택 거래 시 취득세, 등록세 1%p 인하
주택 공급	· 송파 거여지구 국·공유지 200만 평 개발 · 김포 신도시, 양주 옥정지구 등 추가 개발 · 공공택지 주택공영개발 확대 · 원가연동제 및 주택채권 입찰제도 도입(공공택지)
토지 시장 안정	· 토지거래 허가 신청 시 자금조달 내역 제출 의무화 · 개발부담금 재부과 및 기반시설부담금제 도입 · 비사업용 토지 종합부동산세 부과(공시지가 6억원→3억원) · 양도세 실거래가 과세로 전환(2007년)

정부정책을 보는 눈

정부정책에 올라타라

"제가 아마 과거 조선시대의 호조판서를 포함해서, 역대 재무 책임자 중 돈을 가장 많이 써본 사람일 것입니다."

2008년 이명박 정부의 강만수 기획재정부 장관이 마지막 국무회의에서 했던 발언이다. 안 그래도 환율정책이나 대운하 사업 등으로 많은 비판을 받고 있던 강만수 장관은 이 발언으로 그야말로 쏟아지는 비난을 피할 수 없었다.

정치적으로는 부적절한 발언임이 분명하다. 하지만 경제적인 관점에서도 그렇게 부적절한 발언이었을까? 경제 운영을 책임지고 있던 장관의 개인적인 소회라면 그렇게까지 비난받을 만한 발언은 아니었다는 생각도 든다. 물론 나도 그때에는 거칠게 비난한 바 있었음을 고백해둔다. 하지만 당시의 위급한 경제 상황에서는 정말 '원 없이 돈을 써서라도' 경기를 떠받쳐야 할 정부의 역할이 필요했다고 볼 수도 있다.

그때 상황을 다시 떠올려보자. 2008년 9월 14일 세계 5대 투자은행 중 하나였던 리먼 브라더스가 결국 파산했고, 이후 세계 금융 시장은 공황상태로 빠져들었다. 다우지수는 12,000선 수준에서 2009년 1월에는 7,000선까지 급락해 거의 반 토막이 났고, 세계 경기는 급속도로 얼어붙었다.

미국에서 시작된 위기는 한국에도 그대로 이어져 외국인 자금이 대거 이탈하기 시작했다. 전형적인 해외발 공황의 모습이 진행되던 때였다. 게다가 이런저런 정책 실패가 이어졌다. 키코(KIKO : Knock-In, Knock-Out) 사태로 인해 멀쩡한 중소기업들이 외환관리 실패로 무너져내렸고, 정부의 경솔한 외환시장 개입 발언으로 달러화 매도 사태가 벌어졌으며, 이를 막기 위해 외환보유고를 헐어서 '도시락 폭탄'이라는 이름으로 외환시장에 강하게 개입했다. 이 와중에도 경제위기는 이어졌고, 어쨌건 정부는 상황을 수습해야만 하는 책임이 있었다.

경제성장률의 추이를 보면 그 무렵의 경제 상황을 단적으로 볼 수 있다. 한국의 경제성장률은 2008년 4분기부터는 전년 동기 대비 마이너스 성장률로 떨어졌고, 2009년 2분기까지 3분기 연속 마이너스 성장을 기록했다. 이 정도의 경기침체는 경제성장률이 -5% 수준으로 떨어지던 미국이나 유럽에 비해서는 매우 양호한 수준이었지만, 그렇다고 우리의 경제적 고통이 위로가 되는 것은 아니었다.

경제성장률이 이런 수준이니 다른 경제지표들도 엉망진창이었다. 특히 설비투자 감소분은 매우 심각해서 2008년 4분기와 2009년 1분기에는 전분기 대비 각각 -8.4%와 -9.6%를 기록했다. 2분기 연속으로

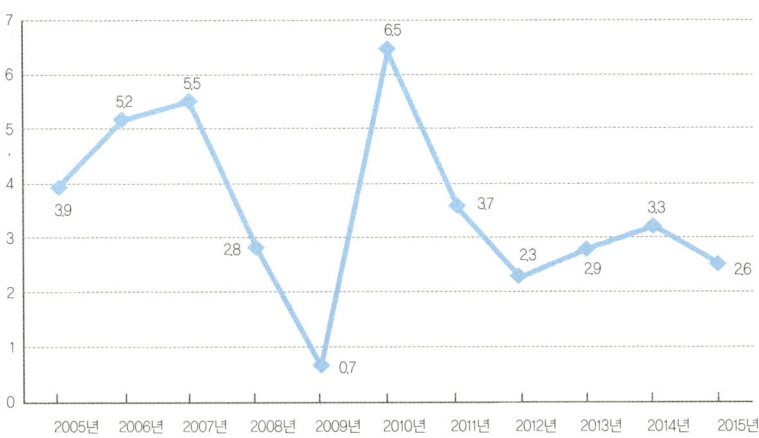

한국의 경제성장률 추이　　단위: %, 전년 동기 대비 | 출처: 한국은행

마이너스 10%대의 감소율이라면, 단 2분기 만에 기업투자가 20%나 줄었다는 말이다.

이런 상황에서 정부가 할 수 있는 정책은 크게 두 가지이다. 통화정책으로 기준금리를 인하하거나 재정정책으로 적자 재정정책을 펴는 것이다. 이것도 상황의 심각성에 비추어본다면 매우 강력하게 추진되어야만 했다. 정부는 이런 위기를 충분히 넘길 만한 힘이 있다는 것을 시장에 보여주어야 했고, 실제로 돈을 풀어 경기를 자극해야만 했다. 한국이 어떤 정책을 폈는지 좀더 구체적으로 살펴보자.

정부정책의 시그널

첫째, 한국은행은 과감한 통화정책을 시행했다. 2008년 9월에는 기준금리가 5.25%였는데, 2009년 2월까지 2%로 급속도로 인하했다. 이러한 통화 확장정책은 이후로도 계속 이어져서 2017년 6월 현재 1.25%

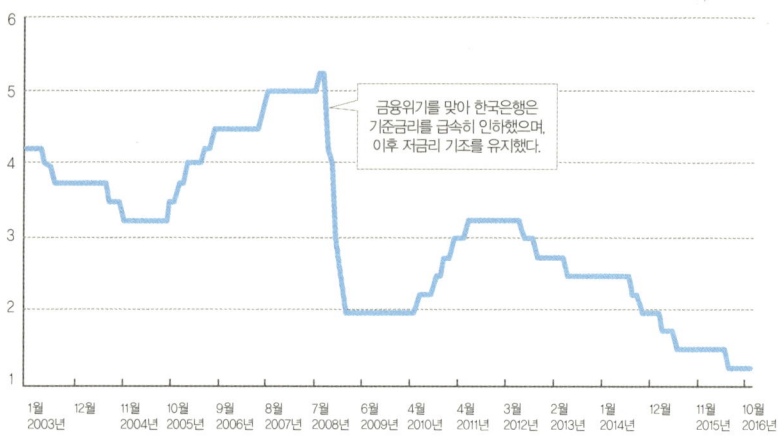

대를 유지하는 중이다. 물론 이런 통화정책은 전 세계적으로 거의 모든 나라가 시행했다. 그럼에도 불구하고 한국 정부도 이런 추세에 발맞추어 교과서적으로 확장적 통화정책을 강력히 시행한 점은 분명 평가받을 만하다.

둘째, 한국 정부는 강만수 장관의 발언처럼 원 없이 돈을 푸는 적자 재정 정책을 펼쳤다. 당장 사고가 터졌던 2008년 4분기 4.6조원의 추경예산을 편성했고, 2009년 적자 재정정책을 펴며 상반기에 재정을 집중적으로 투입했으며, 하반기에는 역대 최고의 추경예산(28.4조원)을 편성하여 적자 재정정책의 효과를 증대시켜나갔다.

물론 이러한 과감한 적자 재정정책은 대운하 사업 등에 대한 국민적 비판과 맞물려 인기가 없었다. 또한 부동산 가격 상승에 대한 기억이 여전히 남아 있던 시점에서 정부가 이렇게 건설토목사업에 재정을 집중하는 것은 또다시 부동산 투기를 조장하는 인위적 경기부양책이라는 비판도 거셌다.

하지만 국가 경제 전체가 금융위기의 후폭풍에 휘말려서 꺼져가고 있던 상황이었다. 아울러 부동산 시장도 언제든 가격 급락의 위험성이 남아 있던 시점이었다. 다시 말해 인위적 경기부양이 가능하다면 그것을 했어야 할 상황이었던 것이다.

정부정책의 양면성

결국 한국은 중국과 더불어 2008년 금융위기를 가장 성공적으로 탈출한 나라로 손꼽히고 있다. 그 원인은 무엇일까?

중국이 엄청난 경기부양책을 시행하여 각종 중간재 소비가 급격히 늘어남에 따라 한국의 수출도 증가했다. 또한 기업은 자동차와 휴대폰으로 대표되는 뛰어난 상품 경쟁력으로 불황기를 오히려 기회로 전환시킨 전략이 성공했다. 그리고 세계 각국이 극심한 경제위기에서 벗어나기 위해 공조한 것이 효과가 있었다.

하지만 당시 한국 정부의 과감한 재정정책도 긍정적 영향을 미친 것을 부인하기 어렵다. 정부는 위기가 한창이던 2009년에 연간 GDP의 4% 이상의 재정을 추가로 집행했다. 이러한 적자 재정정책은 경제위기에 대한 교과서적인 처방이라 할 수 있다. 물론 당시 한국 정부의 경제정책을 '적자 재정정책을 썼으니 잘했다'라는 식으로 긍정적으로만 평가하고 말 일은 아니다.

20세기 초반 케인스가 말한 것처럼, 적자 재정정책은 "그냥 땅만 파는 것이라도, 아무것도 안 하는 것보다는 훨씬 낫다"는 식으로 거칠게 접근할 수는 없는 문제이다. 좀 더 구체적으로 말하면, 만일 재정을 1억원 투자한다면 어느 정도의 경기부양 효과가 발생하는가 하는 '승수 효과'를 따져보아야 한다. 이왕이면 재정투자분보다 효과가 큰 것이 훨씬 더 좋은 정책일 것이다.

하지만 한국의 경우 대운하 사업을 비롯하여 타당성이 검증되지 않은 온갖 국책사업들이 재정정책이라는 탈을 쓰고 시행되었다. 사실 이 과정에서 엄청난 돈이 풀린 사업들은 흥청망청하는 분위기마저 있었다. 과거 세계적으로도 매우 건전하다는 평가를 받았던 대한민국의 재정은 이제 적자구조로 정착되고 있으며, 국가부채가 우려스러울 정도로 급격히 늘어났다.

당시의 통화정책과 재정정책은 양면성을 가지고 있다. 급박하게 진행되는 글로벌 경제위기에서 경기를 부양해야 했고, 이를 위해 정부는 과감하게 통화정책과 재정정책을 써서 위기를 넘길 수 있었다. 반면 이 과정에서 국론의 분열로 인해 국가적 통합이 크게 저하되었고, 비용 대비 측면에서는 효과가 의문스럽다. 게다가 정부 지출이 효과가 별로 없는 분야에 투입되는 부작용도 함께 낳았다.

정부의 부동산 부양책

정리해보자. 세계적인 경제위기 속에서 미국과 유럽의 여러 선진국들이 모두 부동산 폭락 사태를 맞았던 것은 분명한 사실이다. 이를 극복하기 위해 각국 정부는 재정 여력을 완전히 소진해버렸고, 민간의 소비는 위축되었으며, 기업의 고용이 얼어붙으면서 실업률이 치솟았다. 물론 우리 경제에도 위태로운 상황이 많았다. 하지만 결과적으로 보아 다른 나라에 비해 훨씬 완만한 굴곡으로 위기를 넘겨왔다.

그런 상황에서 우리는 '부동산 대폭락'에 대한 경고를 계속해서 접하게 되었고, 그러한 경고는 지금도 여전히 흔하게 볼 수 있다. 그래서 질문하게 된다. 지금까지 왜 그런 일이 벌어지지 않았는지.

앞에서 살펴보았듯이, 가장 쉽게 답하자면 "정부가 인위적으로 부동산 경기를 떠받쳤기 때문"이라고 할 수 있다. 그렇지만 그 대답에는 이렇게 반문할 수 있을 것이다. "그렇다면 그 정도로 심각한 위기 상황에서 인위적으로 부동산 시장을 떠받치지 않은 국가가 어디에 있느냐?"고 말이다.

부동산이 대폭락하지 않은 세 가지 이유

부동산 시장이 '대폭락'하지 않는 이유는 다음 세 가지를 들 수 있다.

첫째, 일반의 믿음과는 달리 한국은 부동산 대폭등의 시기가 없었다. 실질 주택가격 상승률이 OECD 평균 상승률의 절반에도 미치지 못했다. 이를 대폭등이라고 부르기는 힘들다. 6년간 전국 평균 주택가격이 20% 남짓 올랐다고 이를 폭등이라고 할 수는 없는 일이다.

둘째, 부동산 시장의 정상화를 위해 미리 준비하고 있었다. 다른 나라에서는 부동산이 대폭등했는데, 세계화된 시대에 우리만 이를 피할 수 있었다면 이유가 있을 것이다. 그것은 분명 반대론자들의 조롱을 참으면서 꾸준히 일해온 참여정부의 공일 것이다.

셋째, 위기 상황이 벌어진 시점에서 과감한 통화정책과 적자재정 정책을 폈다. 물론 그 조치들이 정치적으로 악용된 면이 있었고, 정책을 시행하는 과정에서 민주적인 절차를 무시한 점도 있었다. 이는 분명 비판되어야 할 지점이겠으나, 경제위기 상황에서 필요한 조치였다는 것은 사후적으로 충분히 인정될 수 있을 것이다.

객관적으로 시장을 보는 힘

지난 10년간 "곧 대폭락이 있을 것"이란 예언이 내내 온 나라를 휩쓸었지만, 그 예언은 지금까지 실현되지 않았다. 앞으로 그 예언이 과연 현실이 될 것인지를 논하기에 앞서, 왜 예언이 틀렸는지를 이야기했다.

우리는 그동안 항상 "곧 대폭락이 다가올 것인가?"라는 질문에 매달려왔다. 그러나 이제는 그 질문을 거꾸로 돌릴 만큼 시간이 흘렀다. 그래서 거꾸로 "왜 온다던 대폭락은 일어나지 않았는가?" 하는 질문으로 방향을 돌려보았다. 그리고 그에 대해 대답하는 과정에서 오히려 좀 더 현실적인 대한민국 부동산 시장의 현실을 마주할 수 있었다.

우리 부동산 시장도 다른 나라처럼 위기 상황에 내몰릴 수 있었지만, 다행히 어느 정도 성공적으로 헤쳐나왔다고도 볼 수 있다. 그러니 섣불리 불길한 예언에 휘둘리기보다는 좀 더 객관적으로 시장을 보는 힘을 길러보자. 그것이 이 책의 목적이다.

이제 다음 장에서는 만일 앞으로 정말 대폭락이 일어난다면 어떤 일이 벌어지는지 생각해보자. 이에 관해서는 많은 역사적 사례들이 존재한다. 과연 불행한 예언이 실현된다면 우리는 어떤 삶을 살게 될 것인가?

 **미·일의 전철을 밟지 않으려면**

1980년 후반의 일본뿐만 아니라 2000년대 초반 세계 부동산 대호황기에 각국 정부는 제대로 된 부동산 가격 안정책을 내놓지 못했다. 오히려 자산 가격의 상승으로 인한 소비 증가 효과를 충분히 즐기고 싶어 했다. 가장 대표적인 국가가 미국이다.

앨런 그린스펀 연방준비제도이사회(FRB) 의장은 2002년 8월 캔자스시티의 FRB 심포지엄의 개회사에서 시장의 우려에 대해 "자산가격 붐을 방지하는 것은 불가능하지만, 붐이 붕괴할 때 후유증을 완화하고 다음 확장기로 쉽게 전환할 수 있도록 할 수는 있다"라고 말했다.[4] 쉽게 말하면 자산가격 상승을 방치하겠다는 것이다. 그 결과 미국은 2008년 금융위기를 맞게 된다.

1990년대 후반의 일본과 2000년대 중반의 미국은 거의 비슷한 실수를 저질렀고, 거의 비슷한 결과를 가져왔다고 볼 수 있다.

미국과 일본은 어떤 정책적 잘못을 저질렀을까? 핵심은 소비자물가가 안정되어 있다는 이유로 자산가격의 급등 상황을 방치했다는 것이다. 두 나라 정책 당국은 모두 부동산과 주식 가격이 이상과열 현상을 보이고 있다는 것을 잘 알고 있었다. 이를 안정시키기 위해서는 기준금리 인상 등의 조치가 필요했다.

그러나 당시 미국과 일본의 중앙은행은 금리란 소비자물가가 너무 높을 때 안정화시키기 위해 인상하는 것이라는 전통적인 관념에 매우 충실했다. "물가가 매우 안정적인데 자산가격만을 잡기 위해서 금리를 인상해야 하는가"라는 질문에 답을 과감하게 내놓지 못했다. 다시 말해 그들은 주류경제학 이론에 충실했지만, 현실은 경제학 이론보다 더욱 변화무쌍했고 무자비했다.

주식이나 부동산 등 자산 시장의 변동은 투자가들의 손실이나 이익으로만 끝나는 문제가 아니다. 국가 경제 전체를 뒤흔드는 중요한 변수로 떠오르기도 한다. 그것을 알지 못하고 필요한 결단을 내리지 못하며 상황을 방치한다면, 우리 또한 1990년 일본과 2007~08년 미국의 전철을 밟게 될지도 모른다.

2장

부동산 대폭락이 온다면

부동산 가격이 어느 정도 '하락'하면, 당연히 소유자는 손실을 보고
수요자는 집을 싸게 살 기회가 된다.
하지만 부동산 가격이 '폭락'한다면
다른 현상이 벌어질 수 있다. 자산가에게는 오히려
새로운 기회가 열리지만, 가장 취약한 계층은
엎친 데 덮친 격으로 더욱 가혹한 상황에 처하게 될 것이다.

section 1

청산주의의 악령

부동산 폭락론과 청산주의

앞 장에서 이야기했듯, 부동산 대폭락이 올 것이라는 어두운 예언은 지난 10년간 우리 경제에 지속적으로 드리워져 있었다. 일부 평론가들은 부동산 대폭락이 반드시 올 것이라고 강력히 주장하는 것을 넘어, 대폭락이 오면 오히려 한국 사회의 온갖 부조리들이 모두 청산되는 좋은 기회가 될 것이라는 주장까지 하고 있다. 선대인, 심영철의 『부동산 대폭락 시대가 온다』를 보자.

"거품이 붕괴되면 가장 큰 피해를 보는 게 서민이다"라고 떠드는 세력들은 왜 그렇게 말할까?

선의로 해석하면 거품 붕괴 시 경제적 충격이 동반되므로 서민들의 삶이 힘들어진다는 의미일 수 있다. 그렇지만 거품이 커질 때부터 이미 서민들은 집값 상승으로 인한 상대적 소득 하락뿐만 아니라 이로 인한 내수 위축, 임대료 상승, 양극화 심화 등으로 고통을 받아왔다. 그렇게 거품을 키워 서민들의 삶을 잔뜩 힘들게 해놓고도 여전히 거품은 꺼지면 안 된다고 한다면, 계속 거품을 키우자는 말밖에 안 된다. 현재의 거품이 유지되거나 더욱 부풀어 오르는 상황에서는 결코 서민들의 삶이 개선될 수 없다.

거품이 꺼져야 시간이 걸리더라도 서민을 비롯한 가계 전체가, 그리고 한국 경제 전체가 정상적인 경제활동으로 돌아갈 수 있다. 따라서 정부와 정치권이 정말 선의로 그런 주장을 했다고 한다면, 실제로는 서민에게 전혀 도움이 안 된다는 것을 깨달아야 한다.[5]

이런 사고방식은 사실 우리에게 매우 낯익은 것이기도 한데, 경제학에서는 이를 '청산주의'라고 한다.

청산주의의 역사는 꽤 오래되었다. 이런 사고가 우리에게 익숙한 것은 그 논리구조가 매우 '윤리적'인 색채를 띠고 있기 때문이기도 하다. 지금 우리가 겪고 있는 이 문제에는 어떤 '부도덕한' 측면이 있기 때문에 우리는 벌로써 그 영향을 받고 있는 것이며, 이를 해결하기 위해서는 부도덕함을 징벌하고 새로운 도덕적 체계를 세워나가야 할 것이라는 논리구조이다.

얼핏 듣기에는 굉장히 설득력이 있어 보인다. 경제구조에 깃든 부도덕을 씻어내고 착하게 살자는데 뭐라고 하겠는가? 듣는 사람 입장에서는 뭔가 좀 이상하다 싶어도, 반론을 하자니 착하게 살자는 사람 앞에서 '악하게 살아도 된다'고 대꾸하는 격이 될까 싶어, 더 이야기하지 못하고 말문이 막혀버리는 식이다.

그러나 경제적 문제와 윤리적 문제는 다른 문제이다. 설사 윤리적으로 부도덕한 문제가 있다 치더라도, 그 윤리적 문제를 해결한다고 해서 반드시 경제적 문제가 모두 해결된다고 볼 수는 없다. 윤리적 방법만으로 모든 것을 해결할 수 있다면, 우리가 겪고 있는 수많은 경제 문제가 애초에 지금과 같은 모습은 아니었을 것이다. 게다가 경제에 얽힌 수많은 사람들의 욕망과 이해관계는 단순한 윤리적 잣대로써 쉽게 해결될 수 없는 문제이다. 물론 우리 사회의 수많은 부조리와 부도덕한 관습은 분야를 막론하고 해결해야겠지만, 도덕적인 접근만으로 산적한 문제들을 모두 적절하게 해결할 수 있는 것은 아니다.

대공황과 청산주의

우리는 청산주의가 극단적으로 선명하게 나타난 역사를 찾아볼 수 있다. 바로 1929년 미국 대공황 때의 일이다. 그해 10월 미국 증시는 대폭락을 시작했다. 다우지수는 전 고점에 비해서 무려 48%가 폭락한 이후 등락을 거듭하면서 결국 1932년까지 89%가 폭락했다. 100달러짜리 주식이 불과 3년 만에 11달러가 된 셈이다. 이 사태는 주식 시장의 붕괴로 끝나지 않았고, 미국을 비롯한 전 세계를 공황으로 몰아넣었다.

그냥 건조하게 숫자만 나열해도 당시의 상황이 얼마나 끔찍했는지 짐작할 수 있다. 1929년부터 1933년까지 미국의 생산은 46%, 투자는 90%, 소비는 41% 감소했으며, 실업률은 1929년 3.2%에서 1933년 24.9%로 급증했고, 소비자물가지수는 25% 하락했다.

수치상으로는 당시의 실업률이 25%라고 하지만, 일부 경제학자들

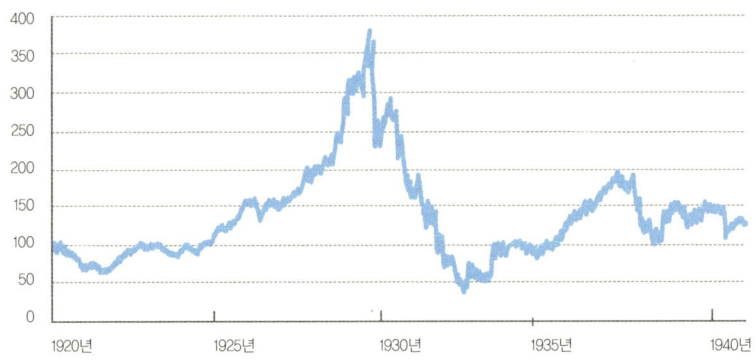

대공황 전후 10년간 다우지수(1920~40년) 출처: 뉴욕증권거래소

은 50%가 넘었을 것이라고 추산하기도 한다. 둘 중 하나는 일자리가 없는 셈이다. 이런 숫자들을 모아서 한마디로 줄이면 그야말로 '경제적 지옥도'라고 하겠다.

멜런 독트린

대공황 때 허버트 후버 대통령 내각의 재무부 장관은 앤드루 멜런이라는 인물이었다. 엄청난 부자이기도 했던 그는 대공황 전까지 자유주의 원칙에 입각한 경제 운용으로 명성이 높았다. 이런저런 정책으로도 유명하지만, 그가 아직까지도 역사책에서 계속 인용되는 것은 당시에 후버 대통령에게 했다는 다음의 발언 때문이다.

노동자를 청산하고, 주식을 청산하고, 농부를 청산하고, 부동산을 청산해야 합니다. 썩은 시스템을 쓸어버립시다. 사치스러운 생활양식들이 무너져내릴 것입니다. 사람들은 더 열심히 일하고 더 도덕적인 삶을 살 것입니다. 가치는 조절될 것이며, 경쟁력이 떨어지는 사람들이 물러나고 진취적인 사람들이 들어서게 될 것입니다.[6]

이 발언만큼 청산주의를 선명하게 표현한 예를 찾기는 어려울 것이다. 2008년 노벨 경제학상 수상자인 폴 크루그먼 교수는 2011년 3월 31일자 『뉴욕타임스』 칼럼에서 이를 '멜런 독트린'이라고 한 바 있다.

멜런 장관이 했던 발언의 의미는 명확하다. 그동안 노동자들이 고임금을 받아왔고, 주식은 고평가되었으며, 농부들은 비효율적이었고, 부동산에도 거품이 잔뜩 끼어 있었다고 본 것이다. 그리고 이 모든 현상들이 청산되어 모든 이들이 좀 더 검소하고 성실한 도덕적인 삶을 살게 되면 경제가 더욱 발전할 것이라고 본 것이다.

그런데 아이러니하게도 그렇게 검소하고 도덕적인 삶을 살아야 한다고 주장했던 멜런은 가장 사치스러운 삶을 살았던 사람 중 한 명이다. 그는 당시 미국 소득세 랭킹 4위를 기록했던 대부호였다. 우리가 익히 들어왔던 철강왕 카네기, 석유왕 록펠러, 철도왕 밴더빌트 같은 인물들과 어깨를 나란히했던 20세기 초반의 역사적인 부자이다. 그런 그가 이런 말을 했다니, 그 의도가 아무리 옳다 해도 지금의 우리가 듣기에도 좀 약이 오를 수밖에 없다.

멜런 장관의 발언은 언뜻 듣기에 가슴을 울리는 힘이 느껴진다. 더욱이 이 발언이 나왔던 때는 바로 1931년이다. 미국의 1920년대는 인류 역사상 가장 퇴폐적이고도 사치스러웠던 시대 중 하나이다. 이 시기를 일러 '포효하는 1920년대(Roaring 1920's)'라고도 하고, '도금시대(Guiled Ages)'라고도 한다. 제1차 세계대전 이후의 회복기로서 경제성장률이 높았으며, 20세기 초반의 온갖 혁신적인 발명이 이어지면서 재즈와 위스키가 흐르는 흥겹고도 낙관적인 시대였다.

그런데 멜런은 1920년대의 사치스러운 분위기가 1930년대의 대공황이라는 고통을 낳았고, 그러니 과거의 도금이 벗겨지는 고통을 참고 이겨내면 더욱 건강한 경제가 될 것이라고 한 셈이다. 얼마나 그럴듯하며 도덕적인가? 그런데 이런 도덕적 사고방식이 실제로 경제에 적용되면 어떤 일이 벌어질까? 정말 지난 시기의 부도덕한 과잉이 모두 청산되고 나면 건강한 경제 시스템이 정착될 수 있을까?

멜런 장관은 말로만 청산주의를 외친 것이 아니라 실제로 정책으로도 자신의 신념을 실천했다. 당시 대공황 3년째인 미국의 재정은 1931년까지도 흑자를 기록했다. 공황의 여파로 극심한 경기침체가 닥치고 경제는 나락으로 굴러떨어지고 있었음에도, 정부는 재정을 건전하게 유지해야 한다는 강박관념 속에서 시중에 돈을 풀기는커녕 거두어버렸다. 다시 말해 오히려 공황을 더욱 심화시키는 쪽으로 흑자 재정정책을 폈던 것이다. 물론 우리는 그 결과를 잘 알고 있다. 미국의 공황은 더욱 심각해졌고 다른 나라에도 영향을 미쳤다. 이후 전 세계는 10년이 넘도록 경기침체로 고통을 받게 되었다.

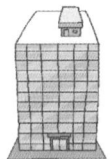

청산주의는 진짜 청산을 부른다

청산주의의 진짜 문제는 현실에서 통하지 않아서가 아니다. 오히려 너무 잘 통해서 문제이다.

불황 국면에서 청산주의적 정책을 취하면 확실하게 청산의 결과가 나온다. 기준금리를 올리고 대출을 줄이고 재정을 움켜쥐면 경제는 너무나 확실하게 청산이 된다. 과거의 과소비나 투기적 태도 따위는 한방에 날아가버린다. 그런데 여기까지만 성공이다. 경제가 망해가는데 더 망하라는 정책을 취하면 더 망하는 것은 확실하다. 불황을 탈출하는 것이 어렵지, 불황을 심화시키는 것이야 뭐가 어렵겠는가?

하지만 청산된 이후에 올 것이라는 '건강한 경제'가 과연 언제 찾아올지는 아무도 모른다. 케인스의 "모든 사람은 언젠가는 죽는다"라는 말처럼, 언젠가는 건강한 경제가 다시 올 수도 있을 것이다. 하지만 그것이 언제인지 아무도 모른다는 것이 문제이고, 더 큰 문제는 아예 오지 않을 수도 있다는 것이다. 1990년에 불황이 시작된 일본은 2016년까지도 청산 상태가 지속되고 있으며, 멜런 장관이 말한 '더 도덕적인 경제'는 아직도 오지 않고 있다.

일본의 실수는 1980년대의 버블을 방치한 것이다. 하지만 더 큰 실수는 1990년대에 그 버블을 끄기 위해 동원했던 무지막지한 금융정책이라고 할 수 있다. 1990년 3월, 일본 정부는 부동산 대출 총량 규제 정책을 전격적으로 도입했다. 이 정책으로 인해 신규 부동산 대출이 전면적으로 중단되는 사태가 벌어졌다. 게다가 1989년 5월부터 1990년 8월까지 겨우 1년 3개월 만에 기준금리를 2.5%에서 6%까지 급속도로 올려버렸다.

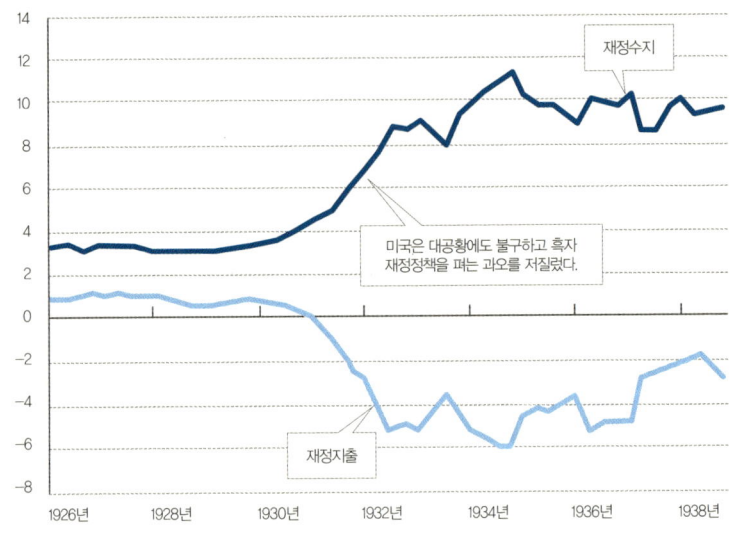

비유하자면, 최고 속도로 질주하는 덤프트럭이 급커브에서 있는 힘껏 브레이크를 밟아버린 셈이다. 물론 트럭의 속도는 0으로 줄어들었지만, 그 트럭이 전복해버린 것이 문제였다. 이런 정책 실패의 영향은 지금까지도 이어지고 있다. 일본은 초장기 불황을 겪고 있으며, 그동안 시민들이 겪어온 불황의 고통이야 말해 무엇하겠는가?

section 2

우리 옆의
대폭락 경험

폭락론에 던지는 두 가지 질문

혹자는 지금 대한민국의 부동산 가격은 명백한 거품이며, 이로 인해 가계는 주거 부담을 과중하게 지게 되고, 기업도 이윤 압박을 강하게 받을 수밖에 없다고 주장한다. 현재의 부동산 가격은 한국 경제가 도저히 지탱할 수 없는 수준이기에 이후 필연적으로 대폭락 사태가 닥칠 것이며, 이를 계기로 한국 경제도 불로소득이 일소되고 건강한 생산력이 유지되는 시스템으로 발전할 것이라고 주장한다.

   이런 주장은 일면 설득력이 있어 보인다. 주장의 근거들도 풍부하다. 무엇보다 실제로 우리가 살 집값은 너무 비싸고, 이를 통해 불로소득을 올리는 이들의 횡포는 전반적으로 너무 가혹하다. 그리고 이것이 유지되는 현재의 시스템은 불합리해 보인다.

   그러나 이러한 주장을 좀 더 냉정하게 검토해볼 필요가 있다. 주장의 논점을 크게 두 가지로 나누어 생각해보자.

첫째, 한국의 부동산 가격이 명백한 거품 수준인가의 여부

둘째, 한국의 부동산 가격이 거품 상태라고 가정하더라도, 대폭락이 일어난다면 정말로 우리 사회의 온갖 부조리들이 청산되는 좋은 기회가 될 것인가의 여부

'한국 부동산 시장이 거품이냐'의 문제는 다음 장에서 좀 더 구체적으로 살펴보기로 하고, 여기서는 대폭락이 일어나면 부동산 거품으로 인한 온갖 부작용들이 해소되면서 우리 경제의 체질이 더욱 건강해질 것이라는 예상을 정말로 믿을 수 있을지 살펴보자.

청산주의의 허상

결론적으로 말해, 이런 주장은 매우 위험하면서도 무책임하다. 아주 간단한 반례를 들어보겠다.

전 세계에서 부동산 가격이 폭락했음에도 경제가 안정적으로 잘 성장한 예를 찾을 수 있을까? 실제로 부동산 가격이 폭락한 나라의 경제는 어떤 상황을 맞이했을까?

2008년 이후의 미국과 유럽, 1990년 이후의 일본, 1929년 이후의 미국 등, 부동산 시장의 폭락이 초래한 상황은 어느 나라나 극심한 혼란과 고통으로 비슷한 풍경을 보였다.

더욱이 현대에는 부동산 시장과 금융의 거리가 점점 가까워지고 있다. 그래서 부동산 시장의 폭락은 곧 금융 시장의 혼란으로 이어진다. 은행 대출의 50% 이상이 부동산 담보대출로 이루어지고 있는 상황에서 담보물건(부동산)의 가격이 하락하면 곧 기존 대출의 환수와 신규 대

출의 중단으로 이어질 수밖에 없다. 이는 숱한 가계와 기업의 파산을 불러오게 되고 경기는 급락할 수밖에 없다.

　이것은 미래에 대한 예측이 아니다. 우리가 20년 전에 직접 경험했던 것이다. 1997년 말 외환위기 이후 한국의 부동산 시장은 급락 사태를 겪은 바 있다. 그때 우리는 과연 과거의 폐습을 청산하고 새로운 경제 시스템을 창조해낸다는 희망에 부풀어 있었던가? 당시 국민들의 삶은 어떠했는가? 필자 역시 그 무렵 무수한 사람들이 겪었던 것처럼 실직을 경험했다. 그때 온 국민을 덮쳤던 절망은 아직도 우리의 뇌리에 생생하다.

　부동산 대폭락이 발생했던 국가의 경험과 금융 시장의 논리를 정리해보면, 크게 세 가지 사건이 발생하는 것을 알 수 있다. 이제 이 점에 대해 면밀히 살펴보겠다.

section 3

건설업종의 부진

미국 부동산 폭락의 시사점

부동산 폭락기에는 주택을 짓는 동안에도 계속 가격이 떨어지니, 새로 건설해 팔려는 사람이 바보이다. 이에 따라 주택 수요와 공급 모두가 극도로 위축되는 현상이 발생한다.

미국의 경우 금융위기 직전에는 신규 주택 공급량이 연 250만 호 수준이었는데, 위기 직후부터 급락하기 시작하여 100만 호 미만으로 폭락했다. 2006년 이전까지는 과열 양상이었음을 감안하더라도, 주택 공급량이 평균의 절반 아래로 떨어진 것이다. 당시 미국의 주택가격은 약 30% 하락했는데 주택 공급량은 60%가 감소했다. 쉽게 말해 전국적으로 주택 건설이 거의 멈춰버린 것이다.

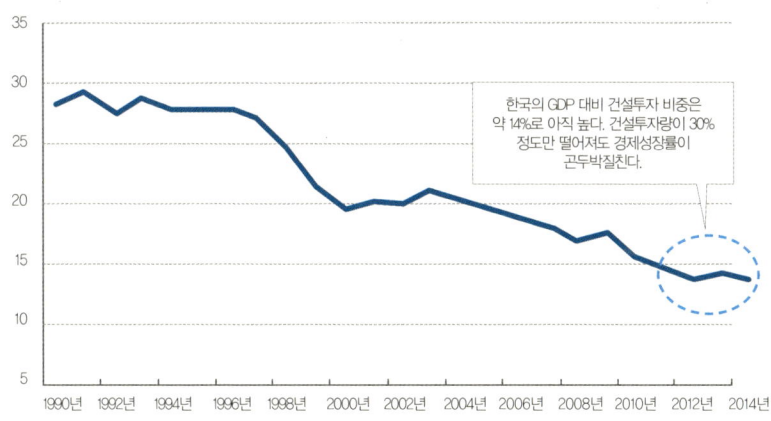

건설투자가 30% 줄면

한국이라고 사정이 다를까? 부동산 가격이 대폭락하면 당연히 주택사업은 대침체를 겪게 될 것이다. 그런데 건설투자는 GDP에 미치는 영향이 매우 크다. 최근 한국의 GDP 대비 건설투자의 비중은 14% 정도이다. 이런 상황에서 건설투자량이 30% 정도만 급락하더라도 경제성장률은 지금의 2%대에서 마이너스로 떨어져버릴 것이다.

　게다가 주택 관련 사업은 단순히 건설투자량에만 영향을 미치는 것이 아니다. 주거는 인간 생활의 세 가지 기본 요소인 의식주 중 하나가 아닌가. 주택이 한 채 건설될 때마다 가구와 가전이 소비되고, 이사와 도배 같은 서비스도 함께 소비된다. 한마디로 건설산업은 전후방 연관 효과가 매우 큰 분야이다. 따라서 건설이 무너지면 이를 둘러싼 전후방 산업도 함께 무너질 수밖에 없다. 그런데 부동산 폭락은 건설업의 부진뿐 아니라 금융위기를 불러온다. 다음에서는 이 부분에 대해 살펴보자.

section 4

금융위기의 발생

부동산과 금융의 상관관계

전 세계적으로 금융과 부동산 시장의 관련성이 점점 커지고 있다. 부동산은 가격이 높으니 구입 시 대출을 이용해야 하고, 금융기관들도 이런 현상을 적극적으로 이용해 부동산 대출상품을 더욱 늘리고 있다. 금융이 발달한 나라에서는 GDP 대비 주택담보대출 비율이 매우 높다. 덴마크나 네덜란드는 GDP의 100%가 넘으며, 영국은 86%, 미국도 72%에 달한다. 이에 반해 아직 한국은 주택담보대출 비율이 GDP의 33% 수준인 것이 위안이라면 위안이다.

이에 따라 부동산 시장이 폭락하면 금융 부문에도 치명적인 영향을 미치게 된다. 당장 부동산 담보대출이 크게 줄고 이어서 기존 대출이 급격하게 부실화된다. 여기에 경기침체로 고용이 불안정해지고 가계소득이 크게 줄어들어 대출금 상환이 지연되면, 은행은 시간을 끌수록 손해가 커지므로 바로 경매에 주택을 넘겨버리게 된다. 2008년 금융위기 당시 미국의 전체 부동산 담보대출 연체율은 11% 수준이었지만, 서브프라임 모기지 대출의 연체율은 무려 30% 수준까지 치솟았다. 이런 저신용자 대출에서 연체가 생기면 은행으로서는 집을 경매로 넘기는 것 이외에는 선택지가 없다.

다음의 63쪽 그래프를 보면, 미국의 주택 압류 건수는 평소 연간 20만 건 정도였으나 금융위기 이후에는 150만 건에 육박했다. 결국 2014년 무렵에는 경매로 넘어간 주택이 누적 600만 호에 달했다. 주택 1채당 4인 가구가 거주한다면 2,400만 명의 주거가 극도로 불안정해지는 사태가 벌어진 것이다. 이렇게 금융기관이 주택을 경매 시장에 내놓기 시작하면 주택가격은 그야말로 폭락의 급물살을 타게 된다. 집값이 떨어지는데 은행이 주택을 경매로 팔기 시작하면, 매물의 홍수가 봇물 터지듯 더 큰 홍수를 불러오기 때문이다.

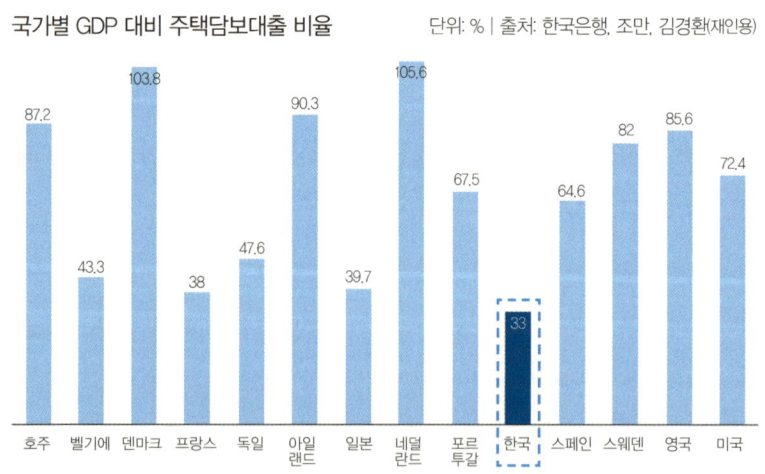

국가별 GDP 대비 주택담보대출 비율   단위: % | 출처: 한국은행, 조만, 김경환(재인용)

1달러 주택

2008년 미국의 한 지역신문에는 1달러짜리 주택에 대한 기사가 실린 적이 있다. 64쪽 사진을 보면 전형적인 미국식 목조가옥으로 꽤 멀쩡해 보이는 보통 주택이다. 그런데 가격이 겨우 1달러라는 것이다. 어떻게 된 일일까?

금융기관에서 압류한 주택은 원 거주자가 퇴출되고 나면 급속도로 황폐화된다. 게다가 쓸 만한 가재도구는 사람들이 모두 뜯어가버리는 것이 보통이다. 그래서 새 입주자는 수리비가 엄청나게 들 수밖에 없다. 게다가 은행은 주택을 압류하고 나면 그 주택과 관련된 세금이나 각종 비용까지도 물어야 한다. 그러므로 1달러에라도 처분만 된다면 감사한 상황이 벌어지게 된 것이다.

물론 이런 1달러 주택은 매우 극단적인 예이다. 하지만 금융이 맞물린 자산 시장에서는 이런 식의 대폭락 사태가 벌어지는 일이 다반사이다. 그래서 자산 시장 폭락이 무서운 것이다. 부동산 가격만 떨어지는

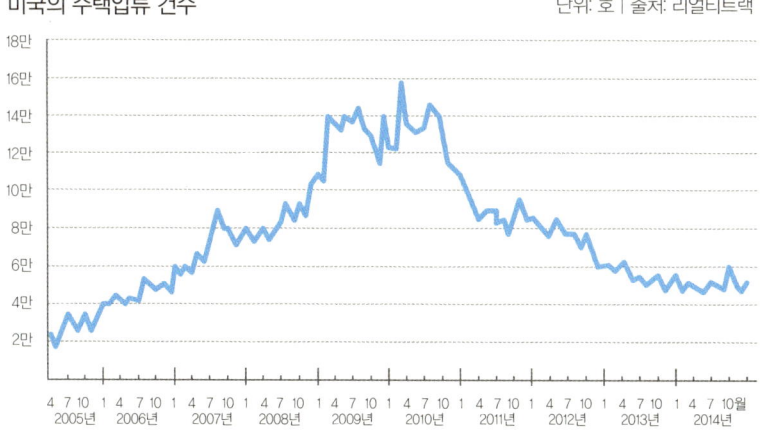

미국의 주택압류 건수   단위: 호 | 출처: 리얼티트랙

것이 아니라 금융기관의 부실화까지 함께 진행되므로, 때로는 국가 경제 전체가 무너져내리는 상황이 벌어질 수도 있다.

한국 부동산의 복병

"한국은 좀 다르다"라며 반론하는 사람들이 있다. 일단 주택담보대출 규모가 전체 GDP의 약 33%로 크지 않고, 주택담보대출 비율이 50% 미만이므로 담보가 확실하다는 것이다.

미국과 간단하게 비교해보자면 이 주장은 설득력이 있다. 미국의 주택담보대출 규모는 GDP의 72%이고, 2007년 금융위기 직전에는 100%가 넘는 시기도 있었다. 이렇게 보면 미국에 비해 한국의 부동산 금융은 훨씬 잘 관리되고 있는 것처럼 보인다. 그런데 정말 그럴까?

좀 더 구체적으로 살펴보겠다. 주택담보대출 비율은 줄여 LTV(Loan-To-Value ratio)라고 하는데, 이는 은행이 주택가격의 어느 정도를 담보로 인정해서 대출해주느냐의 문제이다. 예를 들어 한국의 은행은 1억원짜리 주택이라면 규정상 6천만원 이상은 빌려주지 않는다. 말이 60%이지, 주택임대차보호법상의 최우선변제액을 방마다 공제하기도 하므로, 실제로 60%를 채워서 대출해주는 경우는 거의 없다.

반면 2008년 당시 미국은 30만 달러 주택이라면 30만 달러를 꽉 채워서 대출해주기도 했다. 심지어 집값이 35만 달러로 올랐다면 남은 5만 달러를 더 채워 빌려주기까지 했다. 이렇게 은행이 주택담보대출 비율을 꽉꽉 채워 빌려주는 것은 호황기에 자주 일어나는 일이었다.

1980년대 후반 일본의 버블기에도 이런 일이 비일비재했다. 일본은 한술 더 떠서 어차피 오를 부동산이라고 보고 1억 엔 부동산에 대해 미리 1억 1천만 엔을 대출해주기도 했다니, 지금으로서는 참 믿기 어려운 일이다. 아무튼 이런 상황에서는 부동산 가격이 조금만 떨어져도, 아니 상승세가 멈추기만 해도 은행으로서는 바로 담보 부족 사태가 생기고 대출이 부실화된다.

부동산 금융이 활발한 선진국들은 주택담보대출 비율이 70% 수준인 경우가 많았다. 정부가 특별히 규제하지도 않았다. 은행이 알아서 해야 할 일이라고 보았던 것이다. 그래서 영국이나 프랑스 등은 주택담보대출 비율이 100% 이상이 되어도 어느 수준까지는 법적 규제를 하지 않는다. 물론 은행이 이런 법적 주택담보대출 비율을 적용해서 실제로 대출을 엄청나게 해주는 것은 아니다. 영국의 경우 법적으로 규제하는 상한치는 110%에 이르지만, 실제 주택담보대출 비율은 약 60% 수준이다.

국가별 주택담보대출 비율 상한 규제 수준   출처: KDI 경제전망

국가	영국	프랑스	미국	캐나다	독일	한국
상한 규제 수준	110%	100%	96%	85%	80%	50~70%

국가별 실효 평균 주택담보대출 비율   출처: KDI 경제전망

국가	프랑스	미국	독일	홍콩	영국	한국
평균 주택담보대출 비율	80%	75%	74%	64%	61%	49%(59%)

* ( ) 안은 후순위 전세보증금을 합한 경우임

주택담보대출 비율과 전세

한국의 주택담보대출 비율은 다른 국가들에 비해서 매우 낮은 수준이다. 정부 규제의 상한치는 70%지만 실제로는 50% 수준이다. 따라서 이 수치만 본다면 한국은 부동산 가격이 폭락하더라도, 미국이나 일본처럼 바로 은행이 부실화되고 압류가 홍수처럼 이어지며 국가 경제가 위기로 치닫는 일은 없을 것처럼 보인다.

그런데 정말 그럴까? 정부의 확실한 규제조치 덕분에 주택담보대출 비율을 안정적으로 유지하고 있기에 별 걱정이 없는 것일까? 물론 아니다. 여기에는 숨겨진 또 다른 변수가 있기 때문이다. 바로 한국에만 존재하는 '전세'라는 매우 큰 부동산 사금융 시장이 그것이다. 이 전세금의 규모는 생각보다 어마어마하다.

한국은 2016년 6월 기준으로 부동산 담보대출이 500조원을 돌파했다. 그런데 전세보증금의 총규모도 이와 비슷한 500조원 정도로 추산된다. 즉 집주인들이 금융기관에서 빌리는 돈과 거의 비슷한 액수를 전세 세입자들에게서 빌리고 있는 셈이다. 물론 이 전세금 전체를 주택담

보대출과 같은 것으로 볼 수는 없지만, 은행에서 이자를 물며 빌리는 것이나 이자 없이 세입자에게 빌리는 것이나, 어쨌든 집주인 입장에서는 똑같은 부채이다. 어차피 언젠가는 갚아야 할 돈이고, 갚지 못할 경우 주택이 경매로 넘어가게 된다.

후순위 보증금의 불편한 진실

한국의 전세보증금은 선순위 보증금과 후순위 보증금을 분리해서 볼 필요가 있다. 은행은 대출 전에 이미 그 집에 전세가 끼어 있으면, 그 선순위 보증금을 감안하여 대출한도를 정하게 된다. 즉 선순위 보증금은 이후의 은행 대출한도를 그만큼 줄여주는 효과가 있으므로, 주택담보대출 비율 산정에서 제외해서 계산해야 한다. 그러나 후순위 보증금은 실질적으로 금융권 부채와 다를 것이 없다. 세입자 입장에서는 보증금이 모자라면 바로 주택이 경매에 넘어갈 수 있기 때문에, 주택담보대출 비율을 산정할 때 포함하여 계산해야 한다.

실질적으로 금융 불안을 가져올 수 있는 전세보증금은 후순위 보증금이다. 한국의 후순위 보증금은 2013년 기준으로 약 79조원 정도로 추산된다. 이 후순위 전세보증금을 합쳐서 실질적인 담보인정비율을 계산하면, 한국의 담보비율은 약 59%이다. 물론 이는 평균적으로 그렇다는 말이고, 일부 부동산은 담보 부족이 생길 위험도가 크다. 한국은행의 분석에 따르면, 담보대출이 있는 전세주택 중 실질 주택담보대출 비율이 80%를 넘는 위험한 주택도 26%나 된다.

이런 상황에서 부동산 급락 사태가 벌어지면, 당장 전세 세입자들의 담보가치가 부족해지며, 전세 만기 때 보증금을 돌려받지 못하면 집이 경매에 넘어가는 경우가 많아질 것이다. 물론 경매에 들어가더라도 세입자가 자신이 냈던 보증금을 100% 돌려받는다는 보장은 없다. 경제적 약자라 할 수 있는 세입자가 피해를 함께 겪어야만 하는 구조인 것이다.

section 5

부의 재분배 악화

부동산 가격이 급락하면 빈익빈 부익부 현상이 더욱 심해진다. 그러나 대폭락을 주장하는 사람들은 이와는 다르게 말한다. "부동산이 폭락하면 서민이 가장 큰 피해를 입는다는 논리는 말도 안 된다"고 한다. 주택 가격이 폭락할 경우, 가장 피해를 보는 측은 오를 때 가장 이득을 본 사람들이라는 것이다. 즉 "다주택자가 피해를 보지, 무주택자가 무슨 상관이 있겠느냐"는 논리이다. 오히려 무주택자에게는 집을 싸게 살 수 있는 기회가 아니냐고 말한다. 선대인, 심영철의 『부동산 대폭락 시대가 온다』의 한 대목을 보자.

자기 집이 없는 42%의 무주택 서민이 집값이 떨어진다고 해서 피해를 본다는 말인가? 그리고 집값이 거의 오르지 않은 지역에 사는 30%도 집값 하락으로 인한 피해가 거의 없다. 집값이 많이 올랐던 지역의 주택 소유자라도 원래 자기 집에 살던 사람들 20% 정도는 실질적으로 피해가 없다. 오를 때 기분이 좋았다가 내릴 때 제때 못 팔았던 것을 후회하는 정도이기 때문이다.

정말 피해를 보는 사람들은 투기를 일삼거나, 거기에 편승했던 사람들 10% 정도다. 그 가운데 특히 무리하게 빚을 얻어 다주택을 소유했던 사람들에게 피해는 집중될 것이다.[7]

집값이 떨어지면 집 있는 사람들이 힘들지, 집 없는 사람들이 힘들게 있겠느냐는 말은 분명 설득력이 있다. 사실 대폭락론을 주장하는 사람 중에는 집 없는 서민들도 많을 것이고, 지금 가격으로는 집을 사기가 너무 어렵지만 집값이 대폭락한다면 좀 싸게 살 수 있지 않겠느냐는 희망도 섞여 있을 것이다.

물론 그런 측면도 있다. 하지만 집값이 폭락하는 사태가 터졌는데, 집 없는 사람들이 그냥 '강 건너 불구경'의 자세를 유지할 수 있을까? 실제로 집값이 폭락하는 사태가 벌어지면 가장 큰 피해는 중산층과 빈곤층이 입게 된다. 고소득층은 오히려 이 틈을 타서 부를 더욱 늘릴 공산이 크다.

미국 저소득층의 비극

과거 미국 대공황 당시 토지가격은 급락했고 대부호들은 이 기회를 놓치지 않았다. 농민들이 빚더미에 눌려 헐값에 내놓은 토지들을 사들였고, 이에 따라 토지 소유의 불균형은 더욱 심화되었다. 경작할 땅을 잃은 농민들은 일자리를 찾아서 미 대륙을 유랑해야만 했다. 이런 모습이 반드시 80년 전의 일만은 아니다.

2008년 금융위기 때에도 미국에서는 비슷한 일이 벌어졌다. 부동산 가격은 33%가 급락했고, 총자산과 소비는 각각 약 7조 달러가 감소했다. 당시 미국의 GDP가 약 14조 달러였던 점을 고려하면, GDP의 50%에 해당하는 자산이 감소한 것이다. 앞서 말한 대로 미국의 압류주택 수는 이후 600만 호까지 불어났다.

그렇다면 600만 호의 집에서 쫓겨난 사람들은 어디로 갔을까? 한 푼도 없는 사람들은 노숙을 해야 했고, 대부분은 다시 임대주택을 찾아야 했을 것이다. 미국의 자가점유율은 2008년 69%에서 2012년 65%까지 떨어졌다. 전체 미국 가계의 4%가 자기가 살던 집에서 쫓겨나 새로 임대주택으로 들어간 것이다. 이는 임대주택의 수요를 늘려 임대료를 높이는 요인으로 작용한다.

결과적으로 경기침체로 가계소득은 줄어들고, 살던 집에서 쫓겨난

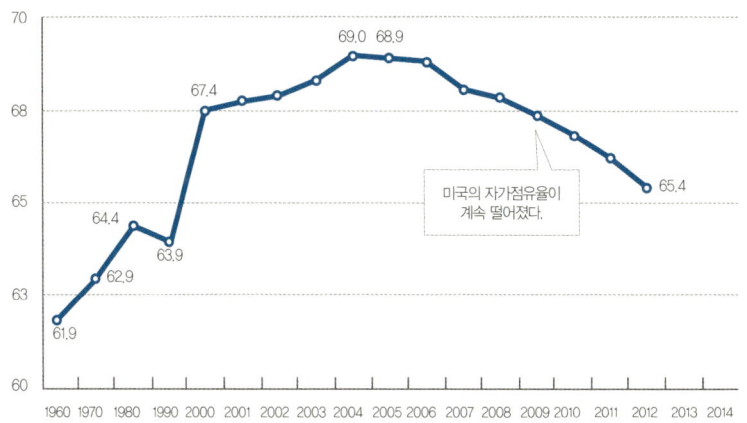

미국의 자가점유율 추이 단위: % | 출처: 미국 주택도시개발부

데다가 임대료까지 오르게 되어 이중 삼중의 고통을 겪어야 했다. 이 고통을 겪는 사람들이 과연 상류층이겠는가, 아니면 빈곤층이겠는가?

심화된 불평등과 양극화

물론 슈퍼 리치들도 주가 하락으로 인해 자산이 감소하기도 했다. 워런 버핏이나 빌 게이츠도 수십억 달러의 평가손실을 입었고, 상위 0.1%의 평균 소득도 연간 1,100만 달러에서 600만 달러 수준으로 절반 가까이 하락하기도 했다.[8]

그런데 금융위기 이후에는 불평등이 더욱 극적으로 커졌다. 미국 경제정책연구소의 발표에 따르면, 중산층과 상위 1%의 순자산(부채 제외) 격차는 금융위기 이전인 2007년에는 181배였으나 2010년에는 무려 288배로 커졌다. 결국 중산층은 몰락하고 부유층은 부를 더욱 확대했던 것이다.[9]

미국의 최상류층은 일시적으로 주가 하락을 겪기는 했지만, 그렇다고 자기 집에서 쫓겨난 것도 아니고, 길거리에서 노숙을 하게 된 것도 아니었다. 극소수의 예외를 제외한다면 슈퍼 리치는 더욱 부자가 되었다. 반면 빈곤층의 고통은 극에 달했다.

미국의 주거실태조사에 따르면, 임차가구의 소득 대비 임대료 부담 비율(RIR, Rent to Income Ratio)은 2001년 26.9%에서 2007년 29.3%, 2009년 30.3%로 증가했다. 물론 그 부담은 저소득층에 더욱 집중되었다. 소득 1분위 가구는 소득의 무려 63.6%를 임대료로 지출했고, 최저 빈곤선 이하 가구는 71%를 지출했다. 임대료를 내고 나면 그야말로 먹을 것을 살 돈도 없는 상황에 처하게 되었다.[10] 그래서 이들은 홈리스가

미국 임차가구의 임대료 부담 비율　　　　　출처: 하버드대학교 주택연구센터

부담능력 측정 항목		1960년	2001년	2007년	2009년	
소득 대비 임대료 비중(RIR)		19.0%	26.7%	29.3%	30.3%	
소득 30% 이상 임대료 부담	전체	23.0%	41.2%	46.3%	48.7%	중산층과 저소득층의 임대료 부담이 크게 늘었다.
	중저소득층	21.0%	–	–	58.0%	
	중산층	4%	–	–	23%	
소득 50% 이상 임대료 부담		–	20.7%	24.1%	26.7%	
저렴주택 재고 비중		83.0%	–	–	43.0%	임대료가 저렴한 임대주택이 크게 줄었다.

※ 저렴주택 재고는 임대료가 중위소득의 30% 이하에 해당하는 임대주택의 재고를 말함.

되어 거리로 쏟아져 나오게 되었다.

　건조한 숫자로 표현되고 있지만, 미국인들이 얼마나 힘겨운 삶을 살고 있는지 보이지 않는가? 전체 소득의 50% 이상을 임대료로 지불하는 임차 가구가 전체의 1/4 이상이다. 반면 빈곤층이 살 수 있는 저렴한 주택의 공급은 수요의 절반에도 미치지 못하고 있다.

　참고로 한국의 소득 대비 임대료 부담 비율은 2014년 기준으로 20% 정도이다. 미국이 30%대인 것에 비해 상당히 낮은 수준이다. 그러니 미국 서민들이 얼마나 힘든지 짐작할 수 있을 것이다. 수치상으로 보면 주거비 부담이 한국보다 50%나 더 크다. 그리고 이렇게 자기 주택에서 쫓겨나서 가혹한 임대료 부담에 시달리는 서민층이 다시 재기하기란 불가능에 가깝다. 한번 밀려나면 끝이라는 말이다.

한국의 소득 대비 임대료 부담 비율   출처: e-나라지표(통계청)

	2006년	2008년	2010년	2012년	2014년	
전국	18.7%	17.5%	19.2%	19.8%	20.3%	한국의 소득 대비 임대료 부담비율은 약 20% 수준이다.
수도권	19.9%	22.3%	20.9%	23.3%	21.6%	
광역시	18.5%	19.3%	16.4%	16.8%	16.6%	
도지역	17.8%	15.9%	14.4%	14.5%	15.8%	

부자들은 부동산과 같은 실물자산도 많지만 소득도 높고 현금성 자산도 많다. 부동산 가격이 급락한 시점은 부자들이 부동산을 값싸게 사들일 수 있는 좋은 기회이다. 반면 대출을 끼고 집을 산 서민층은 집값이 폭락하면 자산의 대부분을 잃게 되고, 대출이 만기가 되면 이자 부담 등으로 연장이 힘들며, 대출금이 연체되면 즉각 압류가 들어온다.

위기를 버틸 수 있는 것은 누구인가?

부동산 대폭락기는 모두에게 힘든 시기이다. 그러나 그 고통의 크기는 소득에 반비례할 것이다. 소득이 많은 부자들이야 당연히 버틸 수 있지만, 빈곤층은 하루하루의 생존이 위태로운 상황으로 내몰릴 수밖에 없다. 우리는 그런 광경을 이미 IMF 외환위기 때 목격한 바 있다. 온 나라의 자산이 무너져내리는 상황에서 "나는 살아남아 헐값에 아파트를 건질 수 있다"라는 계산은 그야말로 '미션 임파서블'이라고 단언할 수 있다.

부동산 가격이 급락하면 장기적으로는 부동산 거품이 빠지고 건강한 경제가 이루어진다고 가정할 수 있다. 그런데 그 '장기적'이라는 기간이 얼마나 길지는 아무도 모른다.(일본은 지금 30년 가까운 세월을 버티고 있는 중이다.) 하지만 우리는 매일 하루 세 끼의 밥을 먹어야 하고, 매일 잠자리에서 잠을 자야 살 수 있다. 단기적으로라도 경제적인 충격이 온다면 생물학적인 생존마저 위태로울 수 있는 그런 존재이다.

그러니 "단기적인 고통을 참고 버티면 장기적으로 건강한 경제를 만들 수 있다"라는 식의 이야기는 실현 가능성이 불투명할 뿐만 아니라 결정적으로 무책임한 소리이다. 또 실제로 그런 경제가 만들어진다고 하더라도, 그 사이에 취약 계층들은 살아남기 위해 필사적으로 고통을 감내하며 버텨야만 한다. 그들이 극도의 빈곤이라는 나락으로 떨어지고 나면, 이후에 경제가 회복되었다는 이야기는 참으로 허무한 소리일 뿐일 것이다.

section 6

대폭등 · 대폭락 예언, 무엇이 문제인가?

최근 수년 동안 여러 매체를 통해 전달되어온 '부동산 대폭락론'에 대해서는 한번 짚고 넘어갈 필요가 있다. 물론 대폭등론도 마찬가지이다. 두 가지 전망은 어차피 동전의 앞뒷면과 같다고 할 수 있다.

부동산 대폭등, 또는 대폭락은 한국 경제에 엄청나게 큰 영향을 미칠 사건이다. 물론 긍정적인 영향보다는 부정적인 영향이 훨씬 클 것이다. 그렇다면 이런 일을 예측하고 그것을 표현할 때에는 좀 더 신중한 접근이 필요하다고 생각한다.

자기실현적 예언

폭락론이든 폭등론이든, 부동산 가격의 큰 변동이 일어날 것이라는 주장은 그 자체로 경제에 미치는 영향이 매우 크다는 점을 반드시 인식해야 한다. 주장 자체의 힘으로 시장 참가자들이 자신의 전망을 바꾸고,

그래서 정말로 그 예측이 실현될 수도 있다.

이를테면 사람들이 앞으로 대폭락이 온다는 예언을 믿고 다들 폭락에 대비하여 구매를 회피한다면, 그 예언은 실현될 수 있다. 이를 '자기실현적 예언'이라고 한다. 물론 잘못된 근거와 논리로 예측했다면, 폭락론을 줄창 외친다 해도 실제로는 아무 일도 일어나지 않을 수도 있다. 21세기 대한민국에서 벌어진 일이기도 하다.

그런데 이것은 둘 다 문제이다. 폭등론 혹은 폭락론이 자기실현이 되어 한국 경제를 충격으로 몰고 가는 일이 벌어지면 당연히 큰 문제이며, 그런 일이 일어나서는 안 될 것이다. 그뿐만 아니라 예측이 틀리면 이를 신뢰한 사람들이 큰 손실을 보게 된다. 그동안 폭락론을 믿어 매수 기회를 놓치고 계속 전세를 고집하여 손실을 본 사람들도 분명 꽤 있을 것이다.

폭등론뿐만 아니라 폭락론 또한 좀 더 신중하게 주장해야 한다. 최소한 시장이 자신의 예상과 달리 흘러간다면 이를 겸허히 인정하고 수정하는 태도가 반드시 필요하다. 그러나 얼마나 많은 전문가들이 자기반성을 하는 모습을 보여 왔는가?

전망만으로는 부족하다

나는 폭등론 또는 폭락론을 주장하는 사람들의 선의를 믿는다. 자신이 연구한 바로는 반드시 이런 미래가 올 것이라고 예측되는데, 이를 인지하지 못한 사람들을 보면 안타까운 마음이 들 수 있다. 그러니 더욱 자극적이고 자신 있는 말로 주장을 하게 될 것이다. 그러나 나는 경제평론가로서의 자세 문제를 들고 싶다. 부동산 시장을 국가 차원에서 바라

보는 경제평론가라면 이런 전망만으로는 매우 부족하다. 이런 충격적인 사태가 예상된다면, 더욱 중요한 것은 그러한 상황을 피하고 충격을 완화할 수 있는 방법을 제시하는 것이 아닐까?

정말로 부동산 가격이 급변할 것이 확실하게 예상되더라도, 그것이 물리법칙처럼 반드시 일어나며, 변화 가능성이 전혀 없는 것은 아니지 않은가? 따라서 여러 경제적·정치적 수단을 동원해서 예상되는 변화를 최대한 막는 것이 우선일 것이고, 그렇게 하기 위한 제안을 부르짖어야 할 것이다. 그런데 시장의 공포만 계속 자극하는 것은 평론가로서의 윤리를 위반하는 것이라고 생각한다.

나는 경제학자나 평론가들이 가장 먼저 할 일은 대폭등이나 대폭락에 대비하기 위한 여러 노력이라고 생각한다. 대폭락이 와도 손해를 보는 사람은 소수에 불과하며, 오히려 건강한 경제를 위해서는 대폭락이 필요하다는 식으로 말하는 것은 매우 무책임하다. "대폭락이 오면 오히려 더 낫다"는 식으로까지 주장하는 태도 말이다. 이런 식의 논리구조라면 "앞으로 대폭등이 올 것이니 미리미리 집을 사라"고 조언하는 부동산 폭등론자들의 논리와 무엇이 다르다는 말인가?

section 7

한국 부동산이 대폭락한다면

한국에서 부동산 가격이 폭락하면 어떤 일이 벌어질까? 지난 역사적 경험에 비추어 살펴보자.

대폭락 후의 시나리오

한국의 부동산 총 가치는 얼마나 될까? 지방세 통계연감을 살펴보면, 2014년 현재 과세표준으로 본 한국 부동산의 가치는 총 4,006조원이다(과세 부동산 2,998조원, 비과세 부동산 1,008조원). 그런데 과세표준은 공시지가의 약 60~70%를 기준으로 작성되므로, 이를 감안하면 한국 부동산의 총 가치는 약 6천조원으로 볼 수 있다.

만약 한국의 부동산 가격이 약 10% 하락한다면(과세 부동산 4천조원에서 약 10% 하락) 약 400조원의 자산이 감소하게 되는 셈이다. 그러면 무슨 일이 벌어질까?

2013년 말 기준으로 한국 가계(및 비영리단체)의 총 자산은 7,585조원이고, 순자산은 6,365조원으로 추정된다(비금융자산 4,911조원+금융자산 2,674조원-금융부채 1,219조원). 한편 총 자산에서 가계 자산의 비중은 약 57%이다. 그러므로 총 부동산 가격이 400조원 감소하면 가계의 부동산은 약 200조원 감소할 것이다. 하지만 부채는 부동산 가격이 하락한다고 해서 없어지는 것이 아니다. 그러므로 금융부채에는 전혀 변화가 없다. 이렇게 되면 담보 부족 문제가 불거질 수 있다.

물론 한국의 금융기관들은 자체적으로 주택담보대출 비율을 엄격하게 지키고 있으므로 바로 담보 부족으로 집이 경매로 넘어가는 사태가 발생하지는 않는다. 담보 주택이 1억원일 경우 은행은 최대 6천만원 정도밖에 대출해주지 않는다. 그 외에도 이런저런 이유로 대출한도는 이보다 더 낮게 마련이다. 그래서 최근 주택담보대출의 담보비율은 여전히 50%대에 머물고 있다.

그러나 대출을 은행에서만 받을 수 있는 것은 아니다. 앞서 말했듯, 우리 부동산 시장의 특수성인 전세 보증금도 빌린 돈인 셈이다. 우리의 총 전세금 규모는 정확하게 집계된 바는 없지만, 가계금융복지 조사나 국토교통부의 확정일자 신고자료 등을 종합해보면 약 450조원으로 추산된다.[11]

부동산 가격이 급락할 경우, 금융권은 담보비율이 낮기에 비교적 안전하다손 치더라도 전세 세입자들은 바로 불안해지게 된다. 곳곳에서 전세금 반환을 둘러싸고 온갖 분쟁이 벌어지고, 경매로 넘어가는 집들도 속속 나타나게 될 것이다.

이 경우 집주인들은 부동산 가격의 하락으로 생긴 공백을 메워야 한다. 그 방법은 두 가지밖에 없다. 더 벌거나, 덜 쓰거나. 다시 말해 가계 소득을 늘려서 자산 공백을 채우거나 지출을 최대한 줄여서 가계흑자를 내는 수밖에 없다.

하지만 부동산 가격이 급락할 때는 경기도 침체된 상황이므로 가계 소득을 늘리는 것은 매우 어려울 수밖에 없다. 그러므로 대부분은 가계 지출을 줄이는 것으로 대응하게 될 것이다. 이는 결과적으로 내수가 위축되는 상황을 불러온다. 안 그래도 내수경기가 엉망인데, 지금보다 더 심하게 위축된다면 그 여파가 어떠할지는 상상도 하기 어렵다. 서민들을 상대로 하는 소규모 자영업자들의 상황은 더욱 심각해질 수밖에 없을 것이다.

대폭락은 빈자를 덮친다

물론 부동산 가격이 하락하면 부동산 소유자도 손실을 보고 경제적인 고통을 겪는다. 하지만 부동산 가격이 '폭락'한다면 다른 현상이 벌어질 수 있다. 자산 보유층에게는 오히려 새로운 기회가 열리지만, 가장 취약한 계층은 엎친 데 덮친 격으로 더욱 가혹한 상황에 처하게 된다. 일자리는 사라지고, 집값은 떨어졌지만 월세는 오히려 오르는 현상이 벌어질 수도 있다. 이것은 예언이 아니라 지난 금융위기 이후에 실제로 미국과 유럽에서 벌어졌던 일이다.

부동산도 시장에서 거래되는 상품의 하나이다. 전체 상품의 가격이 급락하면서 소비가 위축되고 경제가 후퇴하는 현상을 디플레이션(deflation)이라고 한다. 디플레이션은 충격이 워낙 크기에 정부와 시장 참가자들은 모두 이를 막기 위해 필사적인 노력을 기울이게 된다. 그러므로 부동산 가격이 폭락하더라도 오히려 서민들의 삶은 좋아진다는 식의 논리는 있을 수 없다. 다른 상품의 가격은 모두 완만하게 오르는데, 부동산 가격만 적절하게 떨어져서 모두 행복해질 수 있다는 식의 가정은 동화 같은 이야기일 뿐이다.

부동산이 대폭락했는데도 서민들의 삶이 더 좋아진 예는 인류 역사상 없었다. 고통스러운 시간을 넘기고 긴 시간이 흐른 후에야, 비로소 겨우 정상적인 궤도에 오를 수 있었던 예는 있었지만 말이다.

폭등이 나쁘다면 폭락도 나쁘다

지난 10년간 한국은 다른 선진국이 겪어야 했던 경제적 위기상황을 많이 피해 갈 수 있었다. 세계적으로 대폭등이 일어났을 때에도 정부가 부동산 시장을 관리했고, 이후에 대폭락 사태가 벌어졌을 때에도 강력한 조치로 이를 막을 수 있었기 때문이다.

경제를 전망하는 사람들이 자신의 근거와 신념에 따라 어떤 전망을 하는 것은 자유이다. 물론 그 전망이 매우 비관적일 수도 있다. 그러나 '그 비관적 결과가 사실은 더 좋은 것'이라는 식으로 판타지를 그리는 것은 분명 비판받을 지점이다. 굳이 그렇게까지 주관적 전망을 확장시킬 필요는 없다.

대폭락이든 대폭등이든, 부동산 가격이 우리 경제가 감당할 수 없는 수준으로 급등락을 하는 것은 모두 나쁜 결과를 가져올 것이다. 일단 그것만은 분명히 하자. 폭등이 나쁘다면 폭락도 나쁘다. 그리고 그 어려움과 고통이 주로 빈자들에게 집중되는 것도 분명하다. 이는 과거의 모든 사례에서 공통적으로 관찰되었던 사실이다.

그렇다면 앞으로 우리 부동산 가격은 어떻게 될까? 폭락할 위험은 없을까? 아니면 오히려 크게 오를 위험은 없을까? 이를 전망하기 위해 먼저 부동산이라는 상품의 특징을 알아보자. 기초, 기초, 기초가 중요하다. 단순히 자료와 카더라 주장을 떠나서 진지하게 기초부터 추적해 보자.

3장

한국 부동산, 무엇이 다른가?

부동산은 필수재인 동시에 자산재이다.
투자상품임과 동시에 생존에 필수적인 상품이기 때문에
가격이 큰 폭으로 등락하면 삶에 매우 큰 영향을 미친다.
게다가 부동산 시장은 금융 시장과 관련이 매우 크다 보니
국민 경제 전반에 영향을 미치게 된다.
그래서 정부가 부동산 시장에 강력하게 개입하는 것이다.

section 1

한국 부동산의 독특한 특성

부동산이라는 말은 원래 민법상의 개념이다. 법률적으로 거래의 대상이 되는 물건은 움직여서 옮길 수 있는 '동산(動産)'과 움직일 수 없는 '부동산(不動産)'으로 나눈다. 한국에서 부동산은 토지와 건물을 따로 관리한다. 어떤 나라에서는 건물이 있으면 토지와 함께 한 묶음으로 취급하는 경우도 있다. 민법상으로 부동산이라는 물건을 정의하는 이유는 바로 시장에서 거래되는 상품이기 때문이다. 거래 방식을 법률적으로 규정해야 하므로, 민법에서 부동산에 대해 정의를 내리고 있는 것이다.

모든 국가가 관여하는 상품, 부동산

부동산은 매우 독특한 상품이다. 부동산만큼 국가가 강력하게 관여하는 상품도 거의 없다. 국가는 부동산이라는 상품에 대해 온갖 부분을 규제하고 간섭한다. 하다 못해 우리 헌법 제122조에서는 국가가 직접 부동산에 간섭할 수 있다고 조문까지 만들어두었다.

국가는 국민 모두의 생산 및 생활의 기반이 되는 국토의 효율적이고 균형 있는 이용·개발과 보전을 위하여, 법률이 정하는 바에 의하여 그에 관한 필요한 제한과 의무를 과할 수 있다.

국가의 간섭만 유별난 것이 아니라 소비자들의 관심도 지극하다. 아파트 가격표가 신문에 실리기도 하며 정부의 부동산 정책에 대한 반응은 언제나 뜨겁다. 부동산이 국민 경제에 미치는 영향력도 엄청나다. 가장 가까운 예로 지난 2008년 미국의 서브프라임 모기지 사태를 들 수 있다. 부동산과 관련된 채권 시장이 무너지니 미국 경제가 무너져내렸고, 세계 경제가 아비규환이 되어버렸다.

부동산의 일반적인 특징

부동산 시장의 전망을 다루건, 정부의 규제 정책이나 세금 문제를 다루건, 먼저 필요한 것은 부동산이 어떤 상품인지를 이해하는 것이다. 교과서에서는 토지 시장을 중심으로 부동산의 특징을 다섯 가지로 꼽고 있다.

첫째, 토지 시장의 총량은 고정되어 있다. 이를테면 한국의 토지 면적은 10만km^2로 고정되어 있다. 간척사업 등의 예외가 있지만, 토지 총량은 딱 여기까지이다.

둘째, 모든 토지는 서로 다르다. 그래서 같은 종류의 물건에는 같은 가격이 붙는다는 일물일가의 원칙을 적용하기가 매우 어렵다. 부동산은 첫째도 입지, 둘째도 입지, 셋째도 입지가 중요하다. 그런데 모든 토지는 입지가 각기 다르다. 바로 옆 땅과도 천지차이일 수 있다. 즉 세상에 같은 물건(부동산)이 없으니 같은 가격도 있을 수 없다.

셋째, 부동산은 필수재이다. 부동산은 우리 삶의 기본이 되는 의식주 중에서 주거생활의 근간을 이룬다. 사람이라면 누구나 자기 몸 하나 뉘일 공간은 반드시 필요하고 이를 구비하지 못하면 생존의 위협을 받게 된다.

넷째, 부동산은 자산재의 성격을 가진다. 부동산은 국가의 총 자산에서 높은 비중을 차지하고 있으며, 소비자들은 이를 소비하면서 자본 이득(매매차익)을 얻으려는 동기를 가지고 있다. 치약을 사면서 나중에 가격이 오르면 차익을 남겨야겠다고 생각하는 사람은 없다. 하지만 아파트를 살 때에는 가격이 올라서 차익을 얻을 수 있기를 기대하기 마련이다.

다섯째, 부동산은 금융 시장과의 관련성이 매우 높다. 어느 나라나 집값은 비싸기 마련이고, 자기 돈만으로 구매할 수 있는 사람은 극소수이다. 따라서 부동산을 매매하기 위해서는 금융기관에서 대출을 받게 되고, 금융산업은 부동산이라는 담보를 중심으로 돌아가게 된다.[12]

이처럼 교과서에 나오는 부동산의 특징들만 이해해도 큰 도움이 되지만, 대한민국 부동산의 고유한 특징을 좀 더 구체적으로 살펴보자.

부동산 공급량의 양면

'토지의 총량이 고정되어 있다'는 부동산의 특성은 실제 거래에서는 의미가 그리 크지 않다. 한국의 전체 토지(10만 km^2)에 약 5천만 명이 살고 있지만, 국토 면적의 0.6%(600km²)에 불과한 서울시에만 1천만 명이 몰려 살고 있다. 전 국토가 서울처럼 과밀하게 개발된다면 16.6억 명을 수용할 수 있게 된다. 남한에만도 중국 인구가 모두 살 수 있다는 어처구니없는 계산이 나오는 것이다.

한편 수도권을 제외하고 여기저기를 둘러보면 별다른 개발 없이 그냥 놀고 있는 토지가 여전히 많다. 이런 토지는 사실상 부동산 거래에서 거의 제외되어 있는 셈이다. 그러다가 개발조건이 갖추어지면 시장에 나오기도 한다. 그러므로 국토 면적이 고정되어 있긴 하지만, 그렇다고 부동산의 총공급량이 고정되어 있다고 볼 수는 없다.

주택 시장의 동질화 현상

앞에서 말했듯, 부동산의 입지는 각각 다르다. 하지만 이 특징도 한국에서는 강하게 관철되지는 않는다. 장사를 하는 사람에게 점포의 입지는 매우 중요하다. 1층인지, 대로변인지, 코너 자리인지 등에 따라 매출이 큰 영향을 받는다. 하지만 주택 시장은 또 다른 면이 있다. 특히 아파트의 경우에는 이런 입지의 개별성이 많이 희석된다.

한국에서 아파트는 매우 동질적인 상품으로서 거래된다. 같은 단지의 같은 평형대 아파트는 비슷한 가격대로 팔리며, 로열층이나 비인기층 정도로만 가격이 차별화된다. 그러니 아파트를 팔려고 내놓으면 공인중개사가 같은 단지, 같은 평형의 다른 집을 보여주기도 한다. 대부분 그 단지 전체를 하나로 보고 가격을 매기는 것이다. 이를 '아파트의 동질화 현상'이라고도 한다. 이 동질화 현상 때문에 이어서 설명할 부동산의 자산화가 더욱 가속화되기도 한다.

section 2

필수재로서의 부동산
— 한국 부동산의 장기 추이

앞에서 말했듯, 부동산은 필수재인 동시에 자산재이다. 이러한 특징은 부동산 시장을 이해하는 데 매우 중요하다. 주식 시장이 마구 오른다고 할 때, 내가 가진 주식이 없으면 시세차익을 누리지 못한다는 아쉬움은 있겠지만, 그렇다고 해서 생존이 위협받는 것은 아니다. 채권이나 금 같은 자산상품들도 마찬가지이다.

하지만 부동산은 투자상품임과 동시에 생존에 필수적인 상품이기 때문에, 가격이 큰 폭으로 등락하면 삶에 매우 큰 영향을 미친다. 게다가 부동산 시장은 금융 시장과 관련이 매우 크다 보니 국민 경제 전반에 영향을 미치게 된다. 그래서 정부가 부동산 시장에 강력하게 개입하는 것이다. 그렇다면 부동산이라는 상품의 가격은 어떤 원리로 형성되는 것일까?

뉴스나 인터넷 게시판에는 허구헌날 이른바 대폭등, 대폭락과 관련된 글들이 올라온다. 부동산은 워낙 비싸다 보니 가격이 약간만 등락해도, 즉 가격 변동률이 크지 않더라도 훨씬 가파르게 상승한 것으로 느껴진다. 10억원 아파트의 가격이 15% 상승했다면 1억 5천만원이나 오른 것이다.

그런데 부동산은 이처럼 항상 대폭등이나 대폭락을 하는 것일까? 전혀 그렇지 않다. 오히려 부동산 가격은 장기적으로 꽤 안정적인 모습을 보인다. 아니 그게 무슨 소리냐, 논밭이던 강남의 땅값이 몇 만 배나 올랐고, 근래에도 일부 재건축 아파트들이 널뛰듯 가격이 출렁거렸다면서 반론을 제기하는 사람들도 있을 것이다. 하지만 통계를 살펴보면 우리의 상식과는 전혀 다른 현실을 마주하게 된다. 먼저 네덜란드 이야기부터 해보자.

헤렌흐라흐트의 초장기 가격 추이

네덜란드의 수도 암스테르담에는 헤렌흐라흐트라는 작은 마을이 있다. 관광지로도 유명한 이곳은 부동산 학계에서도 매우 유명한 마을이다. 이 마을은 1625년 피터 프란츠라는 사람이 처음 조성했는데, 그때부터 지금까지 부동산 가격이 계속 기록되어왔기 때문이다.

네덜란드 마스트리히트 대학의 피에트 아이호츠 교수는 이 마을의 부동산 가격 변동을 모두 조사하여 '헤렌흐라흐트 지수(Herengracht index)'라는 것을 만들었다. 기록이 시작된 1628년부터 2008년까지 무려 380년 동안의 물가상승률을 고려한 실질 부동산 가격의 변동을 그려보면 다음의 그래프와 같다.

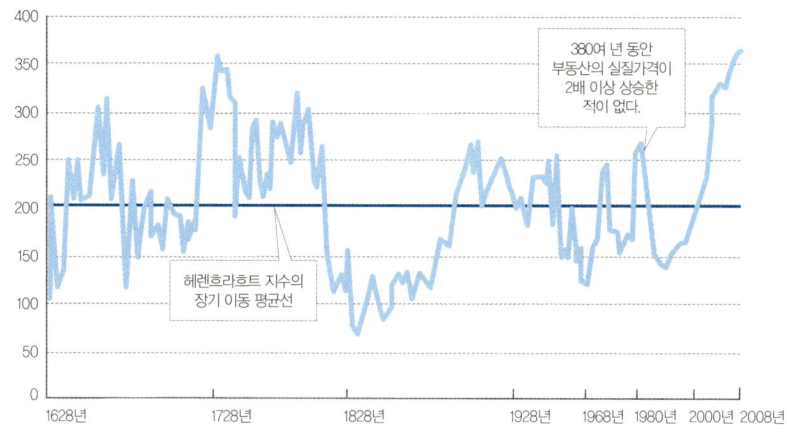

헤렌흐라흐트의 380년간 부동산 실질가격 추이   기준: 1628년=100 | 출처: 『부동산 경제학』

그렇게 오랜 세월이 흐르는 동안 네덜란드는 세계 여러 곳에 식민지를 경영하기도 했고, 17~18세기에는 세 차례에 걸친 영국-네덜란드 전쟁으로 쇠퇴기를 겪기도 했다. 20세기에는 두 번의 세계대전을 겪었고, 전후의 부흥기도 거쳤다. 그런데 이 마을 부동산의 실질가격은 장기 이동 평균선인 200에서 왔다 갔다 할 뿐이었다. 380여 년 동안 명목가격은 20배가 넘게 올랐지만, 물가상승률을 고려한 실질가격은 2배 이상 오른 적이 없었다. 2008년 금융위기가 터지기 직전인 오른쪽 끝부분에서 급격히 올랐던 때가 눈에 띄는 정도이다. 그래보았자 장기 평균의 1.5배 수준이다.

이것은 장기적으로 보아 '부동산 가격은 물가상승률에 거의 수렴한다'는 사실을 보여준다. 평균 물가상승률보다 크게 오르내리는 경우는 오히려 매우 드물다. 장기간의 부동산 실질가격을 추적해보면 이런 경향성을 매우 뚜렷하게 확인할 수 있다. 무려 380년의 시간을 통해 보면, 부동산 가격의 변동은 참 정직하다 싶은 느낌을 줄 정도이다.

한국 부동산 가격의 장기 추이

"그건 네덜란드의 상황이지, 한국은 좀 다르지 않느냐"고 반문할 수도 있다. 한국의 부동산 가격은 엄청나게 올랐으니 그와 같은 상황과는 비교할 수 없다고 말이다. 그러면 한국의 상황을 들여다보자.

한국은 네덜란드와 같은 초장기 지수가 없으므로, 주택가격이 집계된 1986년부터의 기록을 정리해보았다. KB국민은행의 전국 주택가격지수를 보면, 1986년을 100으로 놓고 볼 때 2014년은 약 270이다. 전국 주택가격은 30년 동안 평균 2.7배가 올랐다는 것이다. 물론 수십 배가 오른 곳도 있고, 하나도 오르지 않은 곳도 있을 것이다. 여기서 우리가 보는 자료는 전국 주택가격의 평균이다. 그런데 이것은 명목가격이다. 그렇다면 물가상승률을 감안하면 어떨까?

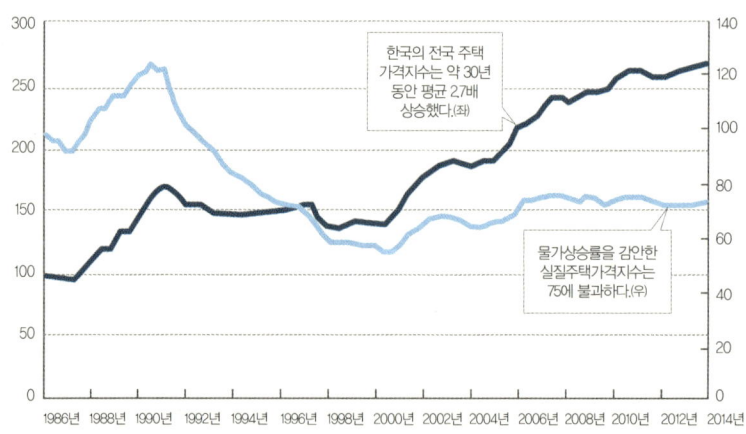

전국 주택가격지수 추이 기준: 1986년 1월=100 | 출처: KB국민은행

다음으로 물가상승률을 감안한 전국의 실질주택가격지수를 보자. 1986년의 실질가격을 100으로 보면, 전국 실질주택가격지수는 75 수준에 불과하다. 즉 물가상승률을 감안하면, 한국의 전국 평균 주택가격은 30년 동안 오히려 25% 하락했다. 좀 의외라고 느껴지는가? 하지만 통계표를 실제로 뒤져보면 94쪽과 같은 그래프가 나온다.

왜 실질가격은 크게 오르지 않았는가?

결론적으로 최소한 지난 30년 동안 한국의 전국 평균 주택가격은 물가상승률에 비해 더 낮게 움직여왔다. 물론 강남이니 '버블 세븐'이니 하는 일부 인기지역은 크게 오른 것이 사실이다. 주택가격은 토지의 활용도에 따라 선별적으로 움직이기 마련이다. 하지만 물가상승률을 반영한 전국 평균 실질주택가격은 지난 30년간 오히려 떨어졌다.

앞서 말했듯, 부동산은 필수재이다. 누구나 필요로 하는 재화이므로 가격은 철저하게 수요와 공급의 원리에 따라 움직인다. 부동산의 공급자와 수요자는 전 국민이기 때문에 독과점이 힘들다. 특정 시기에는 가격이 물가상승률보다 더 오르거나 내리기도 하지만, 길게 보면 거의 물가상승률을 따라서 움직이기 마련이다. 이것은 380여 년의 장기추세를 따라가본 네덜란드나, 30년의 중기 추세를 살펴본 한국이나 마찬가지이다. 부동산도 시장에서 거래되는 상품이므로 장기적으로 보면 다른 상품에 비해 가격이 유별나게 상승할 이유가 없다.

그런데 여기까지만 이야기하면 좀 허무한 기분이 든다. 결과적으로 부동산은 '평균적으로 보아' 물가상승률과 거의 비슷하게 움직이고, '장기적으로 보아' 이동평균에 수렴한다는 말이기 때문이다.

그렇지만 우리는 380년을 사는 것이 아니다. 또한 전국 주택가격의 평균 상승률이 그렇다고 해서 우리집이 그 평균에 딱 들어맞는 것도 아니다. 전국의 주택가격이 장기적으로는 안정적이라 해도, 단기적으로 강남 아파트 가격이 급격하게 상승할 수도 있다. 그래서 부동산의 가격 전망이 어려운 것 아니겠는가?

부동산은 필수재이면서 동시에 자산재이기도 하다. 그리고 자산재로서의 부동산은 필수재와는 전혀 다른 특징을 가지고 있다. 부동산의 가격변동과 관련된 문제는 바로 여기에서 발생한다. 이제 이 부분을 살펴보자.

section 3

자산재로서의 부동산
– 한계효용 체증의 법칙

우리는 대부분 사용가치를 만족하기 위해 물건을 구매한다. 치약을 사는 이유는 이를 닦는 사용가치를 위해서이지, 나중에 가격이 오를 것을 기대하여 사는 것이 아니다. 그래서 적당량을 구매하며 몇 박스씩 사서 쟁여두지 않는다. 치약이 없다가 한 통이 생기면 매우 유용하게 쓸 수 있으므로 효용가치가 크지만, 두세 박스로 늘어난다고 해서 딱히 만족도가 커지는 것은 아니다. 경제학에서는 이를 '한계효용 체감의 법칙'이라고 한다. 양말이나 라면, 두부 등도 비슷하다. 보통의 상품들은 사용가치를 누리기 위해서 소비하며 한계효용 체감의 법칙이 뚜렷하게 적용되고 있다.

사실 부동산도 필수재라는 면에서는 마찬가지 성격을 지닌다. 무주택자로 살다가 집이 생기면 효용이 매우 크고, 좀 더 넓은 집으로 옮기면 효용이 더 커진다. 하지만 집이 수백 평이 된다거나 수십 채가 된다고 해서 우리가 그 집을 사용하는 데서 누리는 효용이 그에 비례해 한없이 커지는 것은 아니다. 어차피 우리가 생활하는 공간에는 한계가 있으므로 어느 정도 이상이 되면 효용이 줄어들기 때문이다.

자산재인 부동산의 한계효용 체증의 법칙

반면, 자산재로서의 부동산은 이와는 전혀 다른 특징을 가진다. 투자 상품은 사용가치가 아니라 교환가치를 누리려고 사는 것이다. 서랍에 주식 증서가 100장이 있든 1천 장이 있든, 증서 그 자체는 종이조각에 불과하다. 그럼에도 불구하고 우리가 주식을 사는 것은 더 비싼 값에 되팔려는 뚜렷한 목적이 있기 때문이다. 사용 목적이 아니라 투자 목적으로 금, 예술작품, 원자재 등을 사는 경우에도 마찬가지이다.

따라서 투자상품에는 한계효용 체감의 법칙이 적용되지 않는다. 지금 주가가 한창 올라가는 중이라면, 사람들은 주식을 100주 가질 때보다 200주 가질 때 더 행복하고 1천 주를 가지게 될 때 더욱 행복할 것이다. 한계효용이 체감하기는커녕 오히려 체증한다고 볼 수 있다. 치약을 집에 산더미같이 쟁여두는 사람은 없지만, 전 재산을 걸고 주식을 사는 사람들은 제법 있으며, 그것도 모자라 빚을 내서라도 사려는 사람들도 많다.

오피스텔을 100채 넘게 보유한 고위공직자에 대한 기사를 본 적이 있을 것이다. 그 또한 100채의 집을 옮겨가며 모두 사용하고 생활하기 위해서가 아니라, 더 비싼 값에 팔거나 안정적인 임대수익을 올리기 위해 샀을 것이다. 그러므로 10채를 소유했을 때보다 100채를 소유했을 때 더 기뻤을 것이고, 1천 채를 가졌다면 더욱 좋아했을 것이다.

정리하면, 자산재로서의 부동산은 다음과 같은 특징을 가진다.

첫째, 사용가치가 아닌 교환가치가 중심이 된다.

둘째, 아무리 많이 가져도 소유자가 느끼는 효용이 줄어들기는커녕 오히려 커지는 '한계효용 체증의 법칙'을 따르게 된다.

부동산이 시장에서 거래될 때에는 필수재와 자산재로서의 성격이 모두 드러나게 된다. 대부분의 경우 우리는 사용가치를 누리기 위해 부동산을 구매한다. 하지만 거래의 차익을 누리기 위해, 즉 그 집을 사고팔아 수익을 얻기 위해 거래를 하기도 한다. 부동산은 이 두 가지 성격이 어우러져 시장에서 거래되며, 그 와중에서 수요/공급 그래프가 교차하면서 가격이 결정된다.

이제 부동산의 가격이 어떻게 결정되는지 그 과정을 좀 더 구체적으로 살펴보자.

자산재로서 부동산의 특징

부동산은 가격이 올라갈수록 거래가 늘어나고 가격이 떨어질수록 거래가 줄어든다. 이것은 어느 나라에서나 마찬가지이다. 우리도 부동산 가격이 쑥쑥 올라가면 공인중개사 사무실이 활기를 띠며 북적대는 것을 볼 수 있다.

다음은 연도별 주택(아파트) 거래량과 매매가격 상승률을 보여주는 그래프이다. 주택 거래량과 매매가격 상승률은 거의 비슷한 방향으로 움직이고 있다. 치약이나 양말 같은 일반 상품은 가격이 비싸지면 수요가 줄어든다. 그런데 왜 부동산은 가격이 비싸지면 수요가 줄어들지 않고, 심지어 수요가 늘기도 하는 것일까?

사실 부동산만 이런 현상이 벌어지는 것은 아니다. 가격이 오를수록 거래량이 늘어나는 현상은 자산재의 공통된 현상이다. 주식이나 채권도 마찬가지이다. 이런 투자상품들은 가격이 오를수록 수요도 늘어나고 그에 따라 거래량도 늘어난다.

엄밀하게 말하면, 자산재의 이런 특성이 수요/공급 원리에 반하는 것은 아니다. 시장의 수요자나 공급자는 높아진 가격이 아니라, 정확히는 '앞으로 더 높아질(낮아질) 것이라는 기대'에 반응하는 것이기 때문이다. 다시 말해 현재의 가격이 비싸다고 더 많이 사는 것이 아니라, 앞으로 가격이 더 높아질 것이라는 '기대감' 때문에, 더 비싼 가격으로 교환할 수 있을 것이라는 생각에 수요를 늘리게 된다.

그런데 현실에서는 부동산 가격이 올라도 거래량이 늘지 않을 수도 있다. 가격이 더 오를 것이라는 기대를 지닌 수요자들은 더 사고 싶어지겠지만, 공급자들이 굳이 팔려고 하지 않을 수 있기 때문이다. 앞으로 더 비싸게 팔 수 있다는 기대가 있는데, 왜 굳이 지금 팔려고 하겠는가?

    그럼에도 불구하고, 부동산 가격이 오르면 거래량이 늘어나는 현상은 뚜렷하다. 부동산 가격이 오르면 수요만이 아니라 공급도 늘어난다. 그래서 이처럼 부동산 시장에서 가격과 거래량이 같은 방향으로 움직이는 현상을 정말 설명하기 어렵다는 의미에서 '부동산계의 퀴즈'라고도 한다.[13]

section 4

부동산 시장의 가격 메커니즘

이번에는 앞에서 살펴본 필수재이자 자산재로서의 부동산 가격 흐름을 수요와 공급 측면에서 살펴보자.

수요 측면

부동산은 자산재이자 필수재이다. 주식이나 채권은 가격이 올라도 대부분의 사람들이 곧바로 큰 영향을 받지는 않는다. 수중에 돈이 없어서 주식을 살 수 없거나, 주가가 급등하는 것을 쳐다보기만 해야 하는 상황이라도, 좀 억울할 수는 있겠지만 그것이 직접적으로 내 생활에 영향을 미치지는 않는다. 그러나 부동산은 전혀 다르다. 부동산 가격이 오르면 내가 사려는 집값이 올라서 살 수가 없게 되고, 전월세 가격이 오르며, 자칫하면 집에서 쫓겨날 위험도 생긴다.

공급 측면

주식이 오르면 즉각 팔려는 사람이 생긴다. 기존의 주주가 팔려고 내놓을 수도 있고, 회사가 주식을 추가 발행할 수도 있다. 주식은 이처럼 가격의 변화에 따라 공급이 즉각적으로 이루어질 수 있다.

그렇지만 부동산 공급에는 시간이 꽤 걸린다. 집값이 오른다는 소문이 돌면, 동네 공인중개소에 나와 있던 매물이 갑자기 싹 사라지는 현상을 쉽게 볼 수 있다. 집주인들은 상승 기대감에 최대한 비싸게 팔기 위해 집을 내놓지 않고 이에 따라 시장에 공급이 미루어진다.

이런 경우 새로 집을 지어 공급해야 한다. 그런데 부동산의 신규 공급은 시간이 필요하다. 건설사들은 이른바 '물 들어올 때 노를 저으려고' 신규 건설에 나서지만, 아무리 빨라도 건축에만 최소 2년이 걸리고, 재개발 같은 프로젝트는 이런저런 행정적 문제의 처리까지 고려하면 10여 년이 걸리는 경우도 허다하다. 그래서 수요가 커진 상황에서 신규 공급까지의 시차가 발생하고, 시장에서 적정가격을 찾는 것이 계속 지연되는 경향이 있다. 이처럼 수요/공급의 원리가 왜곡되어 작용하므로, 부동산 가격은 한번 오르기 시작하면 가격 상승이 오름세를 더욱 부채질하는 되먹임 현상이 발생하는 경우가 많다.

정리하면, 부동산 시장은 수요 면에서 필수재 성격이 강하기 때문에 최소한의 실수요는 반드시 받쳐주는 편이다. 그런데 공급 면에서는 신규 공급 주기가 길기 때문에 가수요가 생기면 이를 충족시키기가 매우 힘들고, 이런 경우 가격이 급등하는 현상이 발생한다. 그래서 정부의 개입이 강할 수밖에 없다. 부동산 가격이 국민생활에 미치는 영향이 매우 크기 때문이다.

section 5

부동산 불패신화는
유효한가?

자산상품은 크게 보면 주식, 채권, 부동산으로 나눌 수 있다. 이 투자상품들의 수익률 역시 장기적으로는 평균에 수렴한다. 물이 높은 곳에서 낮은 곳으로 흐르듯, 자금의 흐름도 투자수익률도 결국은 평준화되기 때문이다. 예를 들어 채권의 수익률이 주식이나 부동산에 비해 확실히 높다는 시그널이 보인다면, 돈은 채권으로 몰릴 것이고 결국 수익률이 낮아질 것이다. 만약 부동산의 수익률이 확실히 높다면, 돈이 부동산으로 몰리게 되고 이에 따라 임대수익률이 낮아지게 될 것이다.

물론 일시적으로 시장이 출렁거릴 수도 있고, 고수익이 가능한 시기와 종목도 있을 수 있다. 하지만 시간을 충분히 길게 잡고 전체의 평균을 잡아보면 투자상품들의 수익률은 거의 평균에 가까울 수밖에 없다.

흔히 우리가 보는 자산 전문가들은 그 와중에 좀 더 유리한 특정 시기와 종목을 찾기 위해 애쓰는 사람들이다. 예를 들어 2000년대 중반 강남의 아파트가 최고의 수익률을 기록했던 때, 외환위기 직후 주식이 미친 듯이 올라갔을 때 등을 생각할 수 있다.

한국 자산상품의 누적수익률

다음의 표는 한국의 자산상품별 누적수익률을 보여준다. 주택의 누적수익률은 집값이 올라서 얻는 자본이익과 임대를 통해 올리는 임대수익을 모두 포함한 것이며, 주식이나 채권은 전체 시장의 평균 수익률이다. '부동산 불패신화'라고들 하는데 과연 그런지 살펴보자.

표를 보면 아파트의 20년 누적수익률은 357.2%이고, 단독주택은 약 94.8%이다. 즉 단독주택을 20년 동안 소유했다면 누적수익률이 94.8%에 불과해서 손해를 봤다는 것이다. 반면 주식의 20년 누적수익률은 194.6%이고, 회사채는 503.7%이다. 한편, 강남아파트의 20년 누적수

한국의 자산상품별 누적수익률 현황

단위: % | 기준: 2010년 말 | 출처: 국민은행, 주택 시장 투자수익률

기간	주택	단독	연립	아파트	서울	강남	주식	채권		정기예금
								회사채	국고채	
최근 5년	39.2	24.9	56.3	41.0	47.0	41.9	48.7	31.7	25.3	23.3
10년	120.0	54.0	113.4	162.8	211.1	237.7	306.4	73.7	59.0	52.4
15년	173.3	66.0	150.8	263.3	362.5	435.6	132.3	201.9	162.9	138.8
20년	236.4	94.8	207.8	357.2	488.2	601.4	194.6	503.7	–	–
24년	572.1	243.0	518.1	1,036.9	1,335.5	1,675.4	652.4	941.3	–	–

※ 주식은 종합주가지수(연월말) 기준, 회사채는 장외 3년, AA– 등급 기준, 국고채는 3년 만기 기준, 정기예금은 신규 취급 기준을 활용

익률은 600%이다. 하지만 강남이 한국의 부동산 전체를 대표한다고 볼 수는 없다. 외환위기 때 삼성전자 주식을 3만원대에 샀다면 현재 수익률은 5천 %가 넘는다.

 부동산을 하나의 투자상품으로 본다면 어떤 시기에 어떻게 투자하느냐에 따라 수익률이 천차만별일 수 있다. 또한 부동산의 수익률이 다른 상품에 비해 특별히 높은 것도 아니고 안전한 것도 아니다. 자산 시장은 철저하게 '하이 리스크, 하이 리턴, 로우 리스크, 로우 리턴(high risk, high return, row risk, row return)'의 법칙이 지배하는 곳이다. 특정 상품이 지속적으로 고수익을 올릴 수 있도록 내버려두는 곳이 절대로 아니기 때문이다.

 "집은 사는 것이 아니라 사는 곳입니다"라는 공익광고 문구가 있었다. 주택이 주거공간이 아니라 투기대상으로만 전락할 경우의 위험성을 지적하는 것이다. 그러나 이 캠페인 문구는 한편으로는 부동산이라는 상품의 특징을 강렬하게 보여준다. 부동산이란 누군가에게는 일상의 삶을 누리며 사는 곳이지만, 누군가에게는 투자수익을 위해 사는(구매하는) 것이기도 하다. 우리의 가치적 지향은 부동산이 생활하는 공간이라는 의미에 머물러 있기를 바라지만, 한편으로 우리의 현실적 지평에서는 부동산이 매매와 투자의 대상이자 수단임을 인정하고 이해할 수 있어야 한다.

4장

한국 부동산 가격은 어떻게 결정되는가?

부동산 가격은 다른 모든 상품들처럼
수요/공급의 원리에 따라 결정된다.
부동산의 수요는 인구, 가구수, 소득, 금리 등
여러 요인에 의해 복합적으로 움직인다.
이 외에 정부 정책에 대응해서도 매우 탄력적으로 움직인다.
이런 많은 변수들이 각각의 중요도를 가지고
영향을 주고받기 때문에 전망을 세우는 것이 어려울 수밖에 없다.

section 1

부동산 가치를 가늠하는 두 가지 지표

부동산 관련 책을 읽는 사람들이 가장 궁금해하는 질문은 바로 '그래서 앞으로 부동산이 오른다는 건지, 내린다는 건지'일 것이다. 그렇다. 사실 이 질문보다 더 절실한 질문이 무엇이겠는가? 그래서 대부분의 부동산 책들은 앞으로 가격이 어떻게 될 것이며, 어디가 유망한지 등의 이야기가 주를 이룬다. 그러나 이 질문에 답하는 것은 매우 어렵다. 일단 가치와 가격의 문제부터 들여다보자.

경제학의 개념 중에서 매우 혼동하기 쉬운 것 중 하나가 바로 가치와 가격이다. 가치와 가격은 어떻게 다를까? '오마하의 현자'라 불리는 워런 버핏은 이 문제에 대해 단 한마디로 정의한 바 있다.

"당신이 내는 돈은 가격이지만, 돈을 내고 얻는 것은 가치라 한다."

가격은 한 상품에 붙어 있는 가격표의 숫자 그 자체이다. 수요와 공급의 원리에 의해 결정된다. 반면 가치란 그 상품을 사용함에 따라 얻을 수 있는 효용의 크기로 정의할 수도 있고, 그 상품을 생산하는 데 들어간 노동과 자본의 합으로 표시할 수도 있다. 과거 고전경제학에서는 이 가치가 어떻게 만들어지느냐로 격렬한 논쟁이 벌어졌지만, 이후 신고전파 경제학이 대세로 자리 잡은 이후에는 가격에 집중하는 편이다.

그런데 현실에서 물건의 가치와 가격이 일치하는 경우는 오히려 드물다. 그저 가격이 실제 가치에 수렴해갈 것이라고 가정할 뿐이다. 원유의 예를 들어보자.

2008년 7월 원유 가격은 배럴당 140달러대까지 치솟았다가 그해 연말 금융위기 직후 30달러 선까지 급락한 바 있다. 과연 원유가 우리에게 주는 효용의 크기가 이렇게 변했을까? 또는 원유를 생산하는 데 들어간 노동과 자본의 비용(가치)이 그만큼 변했을까?

둘 다 아니다. 변한 것은 수요와 공급의 세력 균형뿐이다. 그런데도 가격이 불과 몇 개월 사이에 4배 이상 변동해버렸다. 이런 예를 보건대, 가격은 그저 장기적으로 보아 그 가치에 수렴할 것이라는 가정을 할 수 있을 뿐이다. 그렇다면 원유가 아니라 부동산이라면 어떨까?

월 임대료 — 서울, 홍콩, 뉴욕

부동산 가격은 매수자와 매도자가 서로 밀고 당기기 끝에 이루어지는 합의의 결과이다. 그렇다면 부동산의 가치는 어떻게 판단할 수 있을까? 부동산의 가치 역시 기본적으로는 그 부동산을 이용함에 따라 얻을 수 있는 효용의 크기로 파악할 수 있다. 그렇다면 부동산의 효용가치는 어떻게 파악할까?

뉴욕 한복판에 있는 아파트의 가치는 무엇보다 그곳에 위치한 세계적인 금융기관에 쉽게 출퇴근할 수 있다는 것에 있다. 그래서 임대료가 엄청나게 비싸다. 반면 미국 어느 남부의 촌구석이라면 같은 돈으로 영화「바람과 함께 사라지다」에 나올 법한 대저택을 구매할 수도 있을 것이다.

강남의 아파트가 비싸다고 난리지만, 홍콩 중심가의 아파트는 강남 아파트보다 5배 이상 비싸다. 반면 강화도의 꽤 살기 좋은 다세대주택 가격은 강남 아파트의 10분의 1에 불과하다. 이처럼 가격에 차이가 나는 이유는 부동산의 입지마다 생산해내는 가치의 크기가 다르기 때문이다. 그래서 임대료도 천차만별일 수밖에 없다.

아래의 표는 미국에서 월 임대료 1,500달러로 구할 수 있는 주택의 면적을 도시별로 비교한 것이다. 뉴욕에서는 8평 원룸을, 필라델피아에서는 24평짜리 아파트를 구할 수 있다. 서울에서 월세 150만원이라면 20~30평대 아파트를 구할 수 있다.

월 임대료 1,500달러로 구할 수 있는 미국 주택   출처: statista

필라델피아 24.6평		샌디에고 21평	
시카고 19평	로스앤젤레스 17평	워싱턴 DC 16.7평	
시애틀 18평	새너제이 15.8평	보스턴 10평	뉴욕 8평
		샌프란시스코 10평	

주요 도시의 소득 대비 주택가격(PIR)

나라마다 지역마다 평균적인 주택가격은 다를 수밖에 없다. 그리고 그 가격이 과연 가치를 어떻게 반영하고 있는지도 역시나 다르다. 부자 나라의 주택가격은 비싸고 가난한 나라는 싼 것이 당연하다. 그래서 이를 상대적으로 비교해보기 위해서 소득 대비 주택가격이라는 지표를 사용한다. 이는 주택 시장의 중간값을 중산층 가구의 연간 총소득으로 나눈 것으로 PIR(Price to Income, 소득 대비 주택가격)이라고 한다. 다시 말해 연간 소득의 몇 년치를 모아야 중간 정도 수준의 주택을 살 수 있는지 보여주는 지표이다.

다음은 주요 국가 및 도시별 PIR 지수이다. 이 그래프를 보면, 홍콩과 밴쿠버는 주택가격이 가구소득에 비해서 평균보다 훨씬 비싸다. 반면 뉴욕의 집값은 매우 높지만 소득 대비로 보면 오히려 싼 편이다.

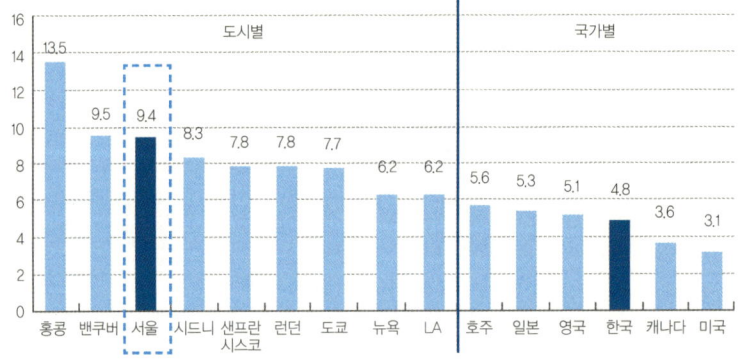

주요국 및 도시별 PIR(소득 대비 주택가격)   출처: KB경영정보보리포트

※ 한국과 서울의 PIR은 국민은행 PIR 자료 기준(2013년 1분기), 통계청 가계동향조사의 3분위 평균 소득과 평균 주택가격을 기준
※ 기타 국가 및 도시의 PIR은 Performance Urban Planning 자료(2012년 3월 기준)
※ 일본은 Japan Property Central이 조사한(2013년 기준) 신규 아파트 및 10년 이상 된 아파트 PIR의 평균값을 이용

부동산의 가치는 딱 짚어서 얼마라고 말하기 곤란한 면이 있다. 그 부동산이 창출할 수 있는 부가가치를 정량화하기가 쉽지 않기 때문이다. 농토라면 산출 농작물의 가치이고, 상가라면 입지상의 이점으로 올릴 수 있는 매출 추가 상승분이라고 할 수 있으며, 주택이라면 생활상의 편익이나 직장과의 접근성 등을 들 수 있을 것이다. 이런 부동산의 부가가치를 숫자로 표시해주는 것이 바로 임대료라고 할 수 있다. 부가가치를 많이 생산할 수 있는 부동산은 대체로 임대료가 비싸고, 부동산 자체의 가격도 높다.

부동산 가격이 임대료로 추정할 수 있는 가치에 비해 훨씬 높다면 버블이라고 할 수 있다. 강남대로의 상가 임대료가 비싸다고 해서 무조건 버블이라고 할 수는 없다. 그 상가에서 추가적으로 얻을 수 있는 연수익 상승분이 1억원인데, 임대료가 연 5천만원 늘어난다면 싸다고 할 수도 있을 것이다.

section 2

수요 ①
인구 변화의 감춰진 이면

지금 이 순간에도 전국의 공인중개소에서는 여러 부동산의 가격이 결정되고 있다. 물론 부동산 가격은 다른 모든 상품들처럼 수요/공급의 원리에 따라 결정된다. 그런데 앞에서 말했듯, 모든 부동산은 입지가 서로 다르다. 이를테면 골목 왼쪽의 상가와 오른쪽 상가의 입지에는 차이가 있다. 하지만 여기서는 그런 미세한 차이는 제외하고, 큰 차원에서 부동산 가격지수가 어떤 힘에 의해 움직이는지 살펴보겠다.

부동산 가격의 수요 변동 요인을 알아보자. 인구, 가구수, 소득, 그리고 금리 등 금융환경의 변화 같은 수요 요인들이 현재 시장에서 어떻게 작용하고 있는지 하나씩 짚어보자. 먼저 인구 요인에 주목하자.

생산가능인구 감소

한국은 저출산 고령사회로 급속히 나아가고 있다. 이것은 매우 거대한 한국 사회의 변화이며, 부동산 대폭락론을 주장하는 사람들이 강력한 논거로 삼고 있는 사실이다. 또한 매우 설득력이 있는 주장이기도 하다.

한국의 절대인구는 여전히 증가하고 있지만 이는 평균수명이 늘어남에 따라 고령인구가 증가하기 때문이지, 신생아가 많아져서 그런 것이 아니다. 그 결과 2016년을 기점으로 15세에서 64세까지의 생산가능인구가 줄어들기 시작했다. 생산가능인구가 줄어든다는 말은 결국 부동산을 살 수 있는 수요자가 줄어든다는 말과 같다.

인구 문제는 부동산의 수요와 공급 면에서 매우 중요한 역할을 한다.

먼저 수요 측면에서 보면, 인구가 줄면 주택에 대한 수요가 감소한다. 특히 가정을 새로 이루는 젊은층의 인구가 줄어들면 당연히 주택 수요는 감소하게 될 것이다.

공급 측면에서 생각해보아도 마찬가지이다. 일단 고령층 인구가 늘어나면 소득이 줄어들게 되고, 원래 보유하고 있던 자산을 처분하게 될

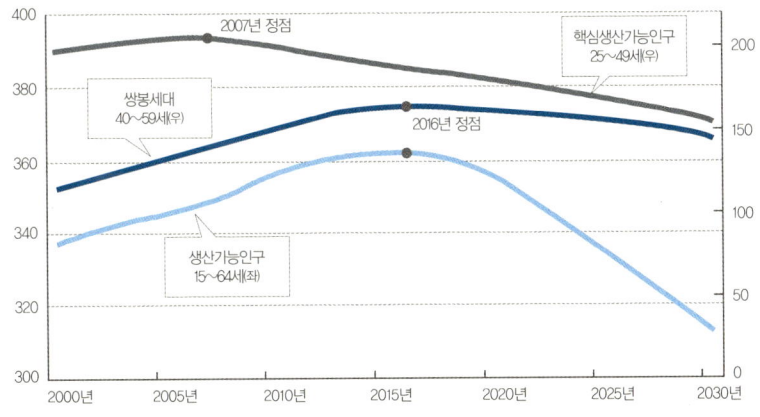

가능성이 커진다. 특히 한국처럼 노령연금이 부실한 국가에서는 주택을 처분하여 생활비를 보충할 것이라는 가정도 매우 설득력이 있다.

고령화와 부동산 시장의 정점

실제로 사회 구성원의 고령화가 부동산 시장에 미치는 영향을 직접적으로 보여주는 사례가 있다. 바로 미국과 일본이다. 특히 일본은 초고령화 사회로 진입하면 어떤 결과가 나타나는지를 보여주는 바로미터가 되고 있다.

다음의 그래프에서 보듯, 자산 매입이 본격화되는 40세에서 59세까지의 인구 비중을 부동산 가격과 비교해보면 정확하게 일치하는 모습을 볼 수 있다. 미국과 일본의 경우 핵심 자산 매입 연령층의 인구 비중이 정점에 달한 바로 그해에 부동산 시장도 정점을 찍었다.

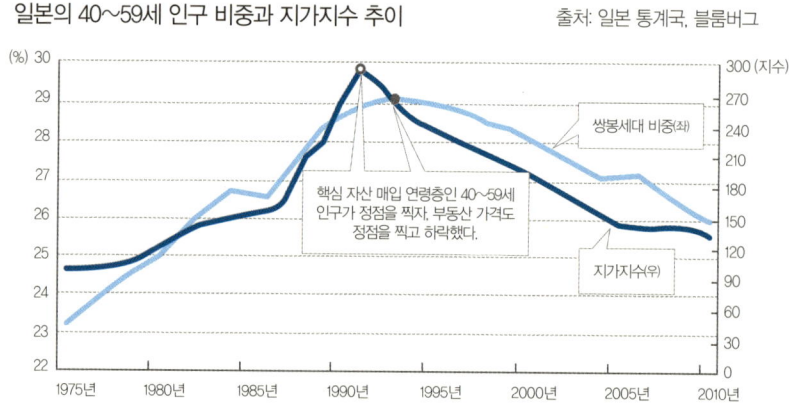

일본의 40~59세 인구 비중과 지가지수 추이   출처: 일본 통계국, 블룸버그

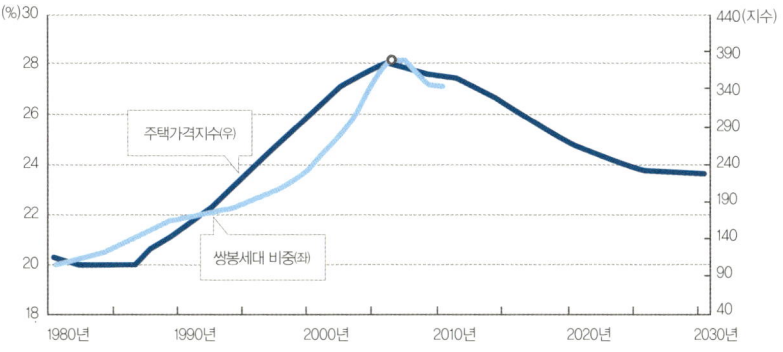

미국의 40~59세 인구 비중과 주택가격지수 추이 출처: 미국 통계청, 연방주택기업감독청

이런 점에서만 본다면 인구와 부동산의 상관관계는 매우 강력해 보인다. 주택 수요층인 젊은 사람들은 점점 줄어들고 주택을 팔아야 할 고령층은 늘어나는 현상을 고려해본다면 앞날은 뻔해 보인다. 그런데 정말 그럴까?

section 3

수요 ②
가구수 변화의 숨은 속살

늙은 대륙 유럽, 왜 부동산 정점이 늦었는가?

생산가능인구가 줄어듦에도 불구하고 부동산 가격이 상승하는 나라가 있을까? 실제로 매우 많다. 바로 유럽의 여러 국가들이다.

유럽은 고령화가 이미 상당히 진행된 대륙이다. 1980년대에 생산가능인구는 정점을 찍었다. 그래서 늙은 대륙이라는 조롱을 받기도 한다. 그런데 유럽의 부동산 경기 정점은 2007년 무렵이었다. 인구 정점과 부동산 경기의 정점이 거의 20년 가까이 차이가 나는 것이다. 인구 요인만 본다면, 유럽이 미국이나 일본과 다를 것이 별로 없는데, 왜 이런 차이가 생겼을까?

그 답은 사실 간단하다. 인구 요인이 부동산 가격의 변동을 설명하는 유일한 원인이 아니기 때문이다.

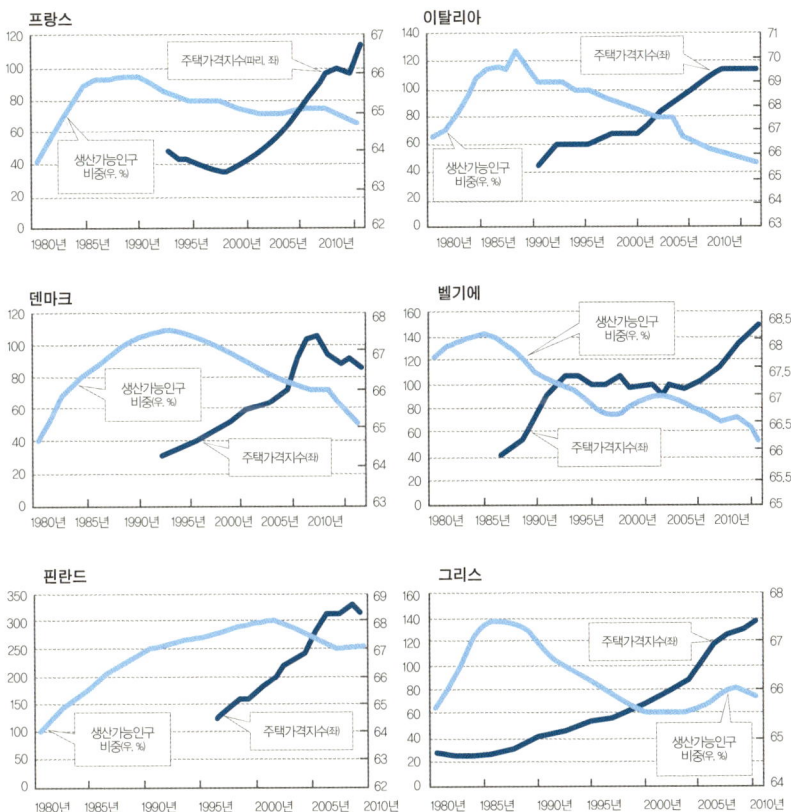

유럽의 생산가능인구 비중과 주택가격지수   단위: 지수, % | 출처: 세계은행, OECD

앞에서 말했듯, 부동산 가격은 수요와 공급 측면에서 여러 변동 요인이 있다. 물론 인구는 매우 중요한 요소이지만 초장기적인 요인이기도 하다. 20~30년 동안의 장기간으로 본다면 분명 인구가 크게 영향력을 미치겠지만, 단기적인 가격 변동에는 더욱 강력한 요인들이 다수 존재한다.

부동산과 인구구조 문제를 하나의 경제학적 모델로 만들어 설명할 수는 있다. 다른 모든 조건이 동일하다고 전제하고, 부동산 가격을 오로지 인구 변수와 연동시켜 어떻게 변화할지 모델을 만들 수 있으며, 이는 분명 유용한 작업이기도 하다.

실제로 인구구조를 이용해 부동산 가격 변동을 예측하는 유명한 경제학 모델도 있다. 바로 『맨큐의 경제학』의 저자로 유명한, 하버드 대학의 그레고리 맨큐 교수와 데이비드 웨일 교수가 만든 맨큐-웨일 모델이다. 물론 이 모델도 현실의 부동산 가격변동과는 큰 차이를 보였다. 경제학 모델이 현실과 다른 것은 매우 당연한 일이다. 현실에서는 모델이 무시했던 '다른 모든 조건들'이 동일하지 않기 때문이다.

인구보다 가구수가 중요하다

한국은 어떨까? 통계청에서 발표한 연령대별 인구구조를 살펴보면 저출산 고령화의 심각성을 충분히 짐작할 수 있다. 주택을 새로 구입할 연령대인 20대와 30대는 모두 합쳐서 1,437만 명인데, 반면 은퇴를 앞둔 연령대인 40대와 50대는 무려 1,718만 명이나 된다. 신생아가 가장 많았던 1971년에는 한 해에 102만 명이 태어났지만, 2015년에는 그 절반에도 미치지 못하는 43만 8천 명이 태어났다. 한마디로 대한민국은 급속도로 늙어가고 있다.

인구 감소는 분명히 장기적으로 부동산 가격에 강한 하락 압력을 주는 요소이긴 하다. 하지만 인구 문제는 그렇게 간단한 것이 아니다. 인구 변화로 인해 부동산 가격이 폭락할 것이라는 논리에 어떤 문제가 있는지 살펴보자.

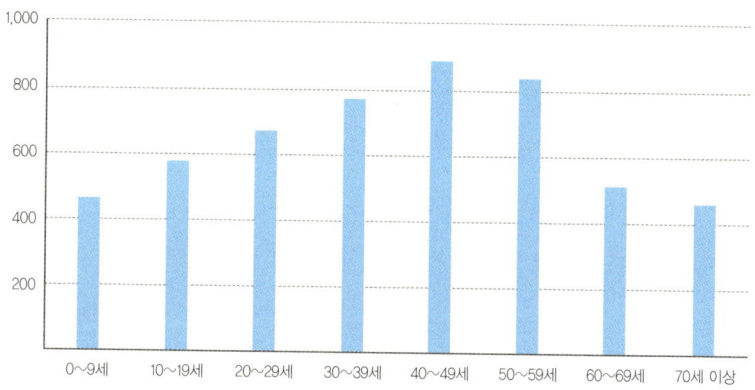

먼저 생산가능인구가 줄어드니 당연히 주택 수요도 감소할 것이라는 주장을 생각해보자. 2016년 이후 생산가능 인구가 줄어드는 것은 사실이지만, 한편으로는 핵가족화의 영향으로 가구수는 늘어나고 있는 것이 현실이다. 최근에는 1인 가구가 급격히 증가하고 있다.

그런데 주택은 가구 단위로 수요가 형성되며, 주택 수요에는 인구보다 가구수가 미치는 영향이 거의 2배 이상 크다. 그래서 생산가능인구는 줄지만 가구수가 증가하기 때문에, 오히려 앞으로 부동산 가격이 상승할 것으로 예상하는 논리를 펴는 이들도 있다.

장노년층의 주택 구입이 증가한 이유

그렇다면 노령층이 증가하고, 이들이 보유 주택을 점차 팔아 치울 것이라는 주장은 어떨까? 이러한 가정도 현실에서는 꼭 들어맞지 않는다. 왜냐하면 오히려 부실한 연금 시스템에 불안을 느낀 노년층이 주택을 더욱 구입하는 경향도 있기 때문이다. 정말로 보유 주택까지 팔아야 하는 계층은 가장 막다른 골목에 몰린 사람들이다. 자산이 있는 장노년층은 오히려 부동산에 투자하여 수익을 키우려는 욕구를 강하게 느끼는 것으로 보인다.

실제로 한국감정원의 보고서에 따르면, 50대 아파트 구입자는 2011년 49,905명에서 2015년 78,915명으로 무려 58% 늘었고, 60세 이상의 구입자도 같은 기간에 57% 증가했다. 전 연령대를 보아도 주택 구입이 가장 크게 늘어난 것은 오히려 장노년층이었다. 이는 기존의 통념과는 전혀 다르지만, 현실은 우리가 짐작하는 것과는 다르다는 것을 보여주는 예이기도 하다.

연령대별 아파트 구입자 수

출처: 한국감정원

	2011년	2015년	증가폭
29세 이하	37,155	31,013	-16.5%
30~34세	109,193	9,577	-17.0%
35~39세	127,906	139,007	8.7%
40~44세	127,906	133,142	9.6%
45~49세	86,271	118,013	36.8%
50~54세	74,536	90,198	21.0%
55~59세	49,905	78,915	58.1%
60세 이상	71,254	112,039	57.2%

청년층보다 장노년층의 아파트 구입이 크게 늘었다.

가구수와 1인 가구의 증가

앞으로 한국의 생산가능인구는 계속 줄어들겠지만, 가구수는 핵가족화의 영향으로 늘어날 것이다. 전국의 가구수는 1980년 797만 가구에서 2015년에는 1,874만 가구로 2배 이상 늘어났다. 가구수가 늘어나면 독립적인 생활단위가 그만큼 증가하게 되고 독립된 주택도 그만큼 많이 필요하게 된다.

인구 증가율보다 가구수 증가율이 훨씬 크다는 것은, 결국 한 가구에 속한 사람의 수가 줄어든다는 것이다. 대가족 시대에는 한 가구에 삼대가 함께 살며 10명도 넘는 식구들이 복작댔지만, 요즘은 2~4명인 가구가 대부분이다.

독신가구도 매우 흔하다. 이런 현상은 개인화되는 라이프스타일과 맞물려서 점점 뚜렷해지고 있다. 그래서 핵심 생산가능인구가 줄어들더라도 가구수는 늘어왔기 때문에 오히려 주택 수요는 더욱 증가했다. 실제로 많은 선진국들이 이런 과정을 거쳐왔고, 앞으로도 가구의 소규모화는 계속될 것이다.

그런데 한국의 가구수 증가에 가장 큰 역할을 하는 것은 1인 가구의 폭발적인 증가이다. 1980년까지만 해도 1인 가구의 비중은 5% 수준에 불과했지만, 최근에는 무려 27%까지 늘어났다. OECD 국가의 평균 1인 가구 비중은 약 28%이므로, 한국은 평균치 수준까지 증가해온 것이다.

1인 가구의 이런 폭발적인 증가는 정부도 전혀 예상치 못한 것이다. 2007년 통계청은 2015년이 되면 1인 가구의 비중이 21.1%를 차지할 것으로 예측했다. 그런데 2015년 실제 1인 가구의 비중은 무려 26.5%

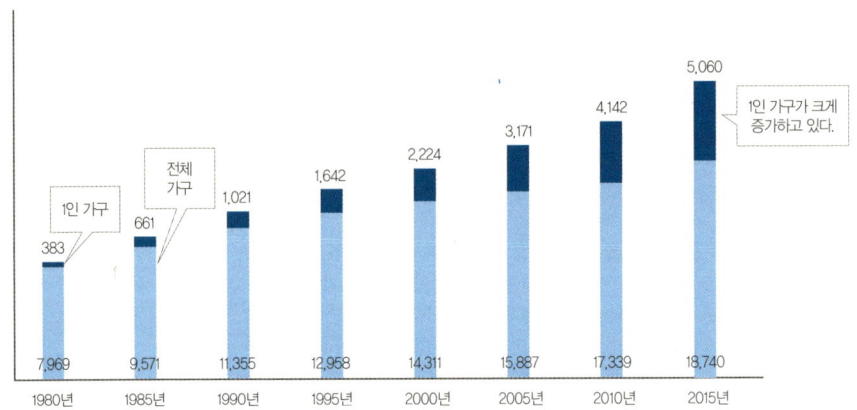

에 달했다. 1인 가구의 비중이 2인 가구의 비중인 26%보다도 오히려 높다. 1인 가구는 이제 한국에서 가장 흔한 가구 유형이 되었다. 이렇게 급속히 늘어난 1인 가구가 가구수 증가를 이끌고 있는 것이다.

1인 가구 증가의 감춰진 이면

그렇다면 가구수가 증가하고 있으니 앞으로 부동산 시장에 긍정적인 영향을 미쳐서 부동산 가격이 오를까? 하지만 이런 주장도 마찬가지로 놓치고 있는 것이 있다. 바로 소득 변수이다.

언론에서는 '골드미스'니 '화려한 싱글'이니 하며 독신남녀의 멋진 라이프스타일을 묘사하지만 실제 한국의 1인 가구는 그렇게 화려하지 않다. 먼저 연령대를 살펴보면, 전체 1인 가구의 34%가 60대 이상이다. 즉 독거노인이 3분의 1을 차지한다.

1인 가구의 소득수준을 살펴보면 더욱 분명해진다. 중위가구 소득의 50% 미만인 저소득층 1인 가구가 무려 45%이다. 이른바 화려한 싱글

1인 가구의 연령대별 구성　　단위: % | 기준: 2015년 | 출처: 통계청 장래가구추계

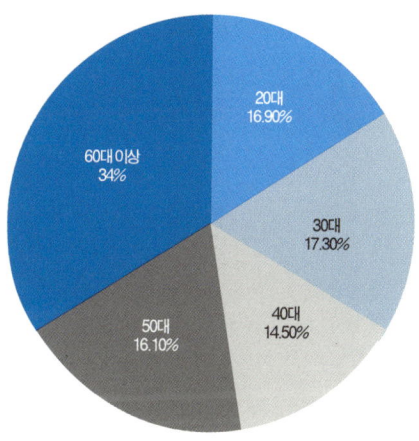

이라 할 고소득층 1인 가구는 1인 가구 전체의 13%밖에 되지 않는다. 이것이 한국 1인 가구의 현실이고, 가구수 증가의 감추어진 이면이다. 즉, 가구수 증가는 소득수준의 상승으로 인한 개인주의적 라이프스타일의 변화 때문이기도 하지만, 극도로 빈곤한 독거노인의 증가가 가장 주요한 원인이라 할 수 있다. 그런데 빈곤한 독거노인 가구의 증가가 한국 부동산의 수요 증가를 이끌 수는 없다. 이들의 주거형태는 대부분 저렴한 월세, 고시원, 여관방 등으로 매우 열악한 수준에 머물러 있다. 따라서 가구수 증가로 인해 부동산의 수요도 함께 늘어갈 것이라는 전망은 지나치게 단순한 생각이다.

　정리하자면 다음과 같다. 일단 한국의 인구가 앞으로 줄어들 것이라는 비관론에 대해, 생산가능인구는 줄지만 가구수가 늘어나는 추세이므로 오히려 주택 수요는 증가할 것이라고 주장하는 측이 있다. 실제로 한국의 가구수는 1980년 800만 가구에서 2010년에는 1,733만 가구로

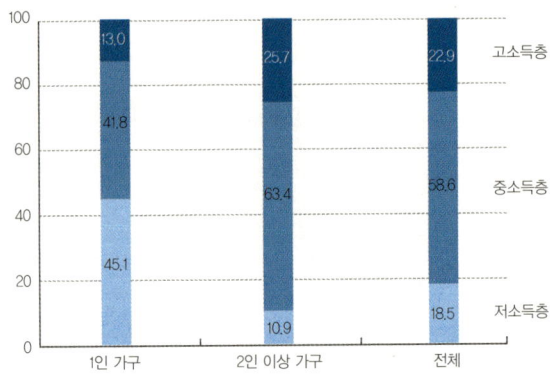

※ 저소득층: 가구소득이 중위 가구소득의 50% 미만, 중소득층: 50%~150%, 고소득층: 150% 이상

2배 이상 증가했고, 앞으로도 상당 기간 늘어날 것이다. 주택 수요 측면에서만 보면 인구보다 가구수가 더 중요한 요소이다. 그러므로 가구수 증가는 분명 주택 수요에 영향을 미칠 것이다.

하지만 가구수가 급증한 것은 1인 가구의 급격한 증가의 영향이 크다. 2010년 조사에 따르면, 전체 가구의 26%가 1인 가구이고, 그 절반은 월수입 100만원 미만의 극빈곤층이다. 그래서 현실을 좀 더 파고 들어가보면, 가구수 증가가 부동산 수요의 긍정적 요인이 되기는 힘들 것으로 보인다.

section 4

수요 ③
국민소득과 부동산 가격의 불편한 진실

국민소득 관점에서 봐야 하는 이유

부동산의 수요는 가계와 기업의 소득 증가와도 밀접한 관련이 있다. 가계는 소득이 증가하면 좀 더 넓고 쾌적한 환경을 원하게 되고, 기업도 생산활동 공간이 더 필요해진다.

부동산 폭락을 점치는 사람들은 한국 가계의 가처분소득이 빠듯하기 때문에 수요 증가를 이끌기 힘들다고 전망한다. 그러나 부동산의 수요처는 가계만이 아니며, 기업도 부동산의 주요 수요처이다. 그러므로 전체 국민소득이 증가하면 그에 따라 부동산 가격도 비슷하게 따라갈 것이라고 생각할 수 있다. 다만 소득 증가에 비해 부동산 가격이 지나치게 급격하게 상승한다면 버블이라고 할 수 있다.

한국의 국민소득과 부동산 가격 흐름

그렇다면 과거 한국의 국민소득과 부동산 가격은 어떤 흐름을 보여왔을까?

놀랍게도 2000년대 이후 한국 부동산 가격의 상승률은 소득 증가분보다 낮았다. 2000년대 중반 부동산 가격이 크게 상승했을 때에도 상승률이 국민소득 증가분보다는 더 낮은 상태를 유지했다. 이는 일본과 미국의 사례를 비교해보면 더욱 분명해진다.

1980년대 후반의 일본이나 2000년대 중반의 미국은 부동산 가격의 상승률이 국민소득 증가율보다 훨씬 높았다. 이후 이들 국가의 부동산 가격은 급격하게 침몰했다. 단순하게 부동산 가격과 국민소득만을 비교해보면, 한국의 부동산은 앞으로 상승 가능성이 높다고 판단할 수도 있다.

LG경제연구원은 2015년 보고서에서 가계의 소득과 자산을 기반으로 산출한 '주택구입능력지수'로 소득과 주택가격의 상관관계를 분석

한국의 부동산 가격 상승률과 국민소득 증가분 비교

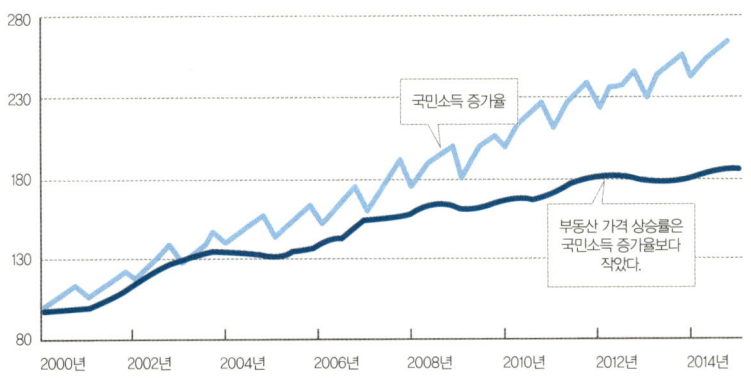

단위: % | 기준: 2000년=100 | 출처: SK증권

미국과 일본의 부동산 가격 지수와 소비자물가지수
단위: % | 출처: 「한국 부동산은 정말 일본처럼 될까」, 김효진, SK증권

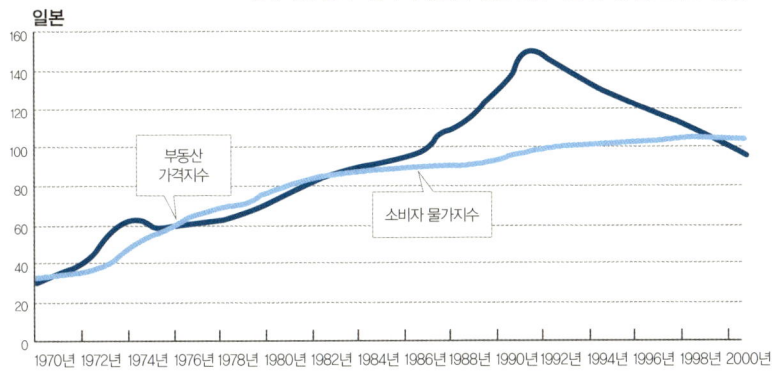

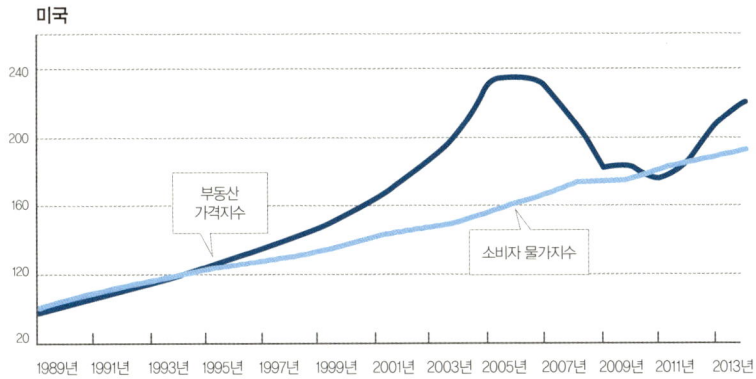

했다. 주택구입능력지수는 '구입가능 가격/평균 주택가격'으로, 소득 및 순금융자산이 평균인 가구가 평균 가격의 주택을 구입할 수 있는 능력을 살펴보는 지수이다.

이 보고서에 따르면, 소득 및 순금융자산이 평균인 가구가 월소득의 25%를 원리금 상환에 충당할 경우, 2015년에 구입할 수 있는 주택가격은 약 2억 9천만원이었다. 그런데 당시 매매되는 평균 주택가격은 약 2억 7천만원이었으므로, 주택구입능력지수는 전국 기준으로는 105.2%

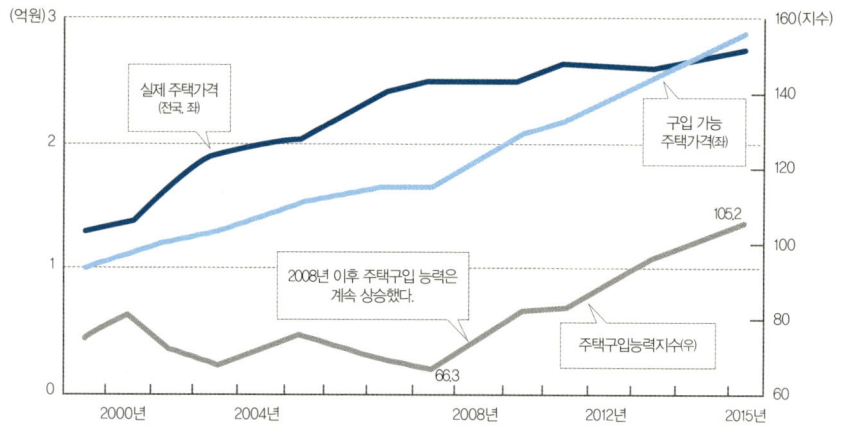

로 산출되었다. 다시 말해 2015년 당시 평균적인 소득과 자산을 가진 가구의 경우 평균 가격의 주택을 구매하고도 돈이 약간 남는다는 말이다.

주택구입능력지수는 2000년대 중반까지 70%대를 유지하다가 이후로 급격하게 개선되어 2015년 무렵에는 100을 넘어섰다. 다시 말해 가계의 주택구입 여력이 커진 것이다. 이는 가계의 소득이 증가한 이유도 있지만, 물가상승률을 반영한 실질 주택가격이 조금씩 떨어졌기 때문이기도 하다. 즉, 국민소득이라는 관점에서 살펴보면 현재 한국 부동산의 가격 수준은 그리 높지 않다고 해석할 수 있다.

section 5

수요 ④
금리 인상이
폭락 신호탄이 아닌 이유

전 세계 어디서나 부동산은 매우 값비싼 재화이다. 그래서 어느 나라 국민이든 자기 돈만으로 집을 마련하는 것은 불가능에 가까우며, 대부분 은행에서 돈을 빌려서 장만한다. 그러므로 은행 금리는 부동산 가격 변동에 매우 큰 영향을 미친다. 금리가 낮으면 은행에서 대출을 받아 주택 구입에 나서는 사람들이 많아지고, 이에 따라 부동산 가격이 오를 가능성이 높아진다. 반면 금리가 높으면 이자에 대한 부담 때문에 선뜻 주택 구입에 나서기 힘들어지며 주택가격도 오르기 어렵다.

 자산 수익률의 관점에서 좀 더 구체적으로 풀어보자. 예금금리는 1.5%대인데, 1억원 건물의 임대수익이 연 500만원이어서 수익률이 5%라고 해보자. 그렇다면 사람들은 은행에 예금을 하기보다는 건물을 사서 임대를 하는 것이 수익이 높다고 판단할 것이다. 그래서 돈이 수익형 부동산으로 몰리게 되고 이에 따라 부동산 가격도 올라갈 것이다.

이제 예금금리가 4%라고 해보자. 그러면 은행에 예금을 하든 건물을 사서 임대를 하든 수익률에는 큰 차이가 없어진다. 이에 따라 수익형 부동산에 대한 수요가 줄어들게 되어 가격이 오를 가능성이 적어진다. 시중금리는 이처럼 부동산 가격에 큰 영향을 미친다.

미국 부동산이 서브프라임 모기지 사태 이전까지 크게 상승한 것도 저금리 기조가 너무 오랫동안 이어졌기 때문이다. 미국의 기준금리는 IT 버블의 붕괴 이후, 경제가 회복되고 있는 국면에서도 2002년부터 2004년 6월 말까지 2년 넘도록 1%대를 유지했다. 이에 시중의 돈이 더 높은 수익률을 찾아 부동산과 모기지 채권으로 몰려들었다. 그리고 이후 금리가 인상되자 부동산 붐도 꺼져버렸다.

금리와 부동산 가격을 단순화하면, 저금리일수록 자금을 융통하기 쉬우니 부동산 가격이 오를 가능성이 높을 것이다. 전 세계적으로 제로금리가 일반화되어 있고, 일본과 유럽에서는 마이너스 금리까지 도입하는 중이니, 이런 극단적인 저금리 환경에서는 부동산 가격이 오를 가

미국의 기준금리 추이 　　　　　　　　단위: % | 출처: 연방준비제도이사회

능성도 높다고 볼 수 있다. 특히 유럽 일부 국가에서는 이미 과열 양상까지 보인다는 뉴스가 나온다.

그러나 경제현상은 단순하게만 흘러가지는 않는다. 금리가 낮다는 것은 투자에 대한 기대수익률이 낮고 자금 수요가 적기 때문이기도 하다. 돈을 빌려서 투자를 하더라도 이자도 뽑아내기 힘든 상황이 될 수 있다. 이런 경우에는 저금리라 해도 곧 부동산 가격이 상승하지 않을 수 있는 것이다.

그렇다면 앞으로 금리가 오르면 어떻게 될까?

어떤 이들은 제로금리가 계속 유지될 수는 없으니, 앞으로는 언젠가 금리가 오를 수밖에 없고, 그러면 부동산 가격이 떨어질 수밖에 없다고 주장한다. 정말 그럴까?

기준금리 인상은 경제 전반에 큰 영향을 미치는 결정이다. 어느 나라나 중앙은행은 매우 보수적으로 정책을 결정하므로, 경기회복에 대한 확신이 없다면 금리를 올리지 않는다. 기준금리 인상은 경기가 회복되고 있음을 알리는 신호탄이라고 할 수 있다. 그러므로 금리 인상은 오히려 부동산 투자가 다시 늘어나는 것을 드러내는 지표가 될 수도 있는 것이다.

결국 금리와 부동산 가격은 서로 영향을 미치는 요인이기 때문에 이를 일률적으로 단정할 수는 없다. 앞으로 기준금리가 인상될 경우 그 폭과 속도가 경기상황에 비추어 과하다면 부동산 가격은 하락할 가능성이 크다. 하지만 기준금리 인상의 폭과 속도가 부족하다면 부동산은 다시 오를 가능성이 커질 것이다.

section 6

수요 ⑤
전세가율이 알려주는 시그널

부동산 시장의 큰 흐름은 물론 실수요자들의 상황 변화에 달려 있다. 그러나 단기적으로 부동산 가격을 출렁이게 만드는 더 큰 요인은 '가수요'이다. 언론은 이런 가수요를 주로 '투기적 가수요'라고 한다.

투자와 투기

투기와 투자를 구별하기는 쉽지 않다. 전설적인 투자자인 벤저민 그레이엄은 『현명한 투자자』에서 "투자는 철저한 분석하에서 원금의 안전과 적절한 수익을 보장하는 것이고, 이러한 조건을 충족하지 못하는 행위는 투기다"라고 말했다. 언뜻 들으면 그럴듯하지만, 사실 별 내용이 없는 말이다. 투기꾼이라 불리는 사람들도 분석을 열심히 하고 원금의 안전을 추구한다. 생각대로 되지 않는 경우가 있어서 문제지만 말이다. 더 나아가 적절한 수익이라는 것도 모호하기는 마찬가지이다.

우리가 보통 쓰는 용법으로 생각해보면, 부동산 '투기'라는 말은 주로 시세차익을 노리는 것, 부동산 '투자'라는 말은 주로 운영수익을 노리는 것 정도의 의미로 쓰이고 있다. 주택을 더 비싸게 팔 목적으로 산다면 투기이고, 임대료를 꾸준히 받을 목적이라면 투자라고 보는 것이다. 물론 현실에서는 거의 대부분 양자를 같이 추구하는 경향이 있다.

나는 개인적으로 투자(investment)와 투기(speculation)를 구별하지 않고 있다. 어차피 불확실한 미래의 불확실한 수익을 추구한다는 점에서는 무엇이 다를까 싶다. 누구나 철저히 분석하고 싶어 하고, 원금을 보장받고 싶어 하고, 적절한 수익이면 만족한다고 생각하면서 거래를 하는데, 이를 구별하는 것이 무슨 의미가 있을까?

실수요와 가수요

한편 실수요와 가수요를 구별하는 것도 매우 어렵다. 실수요란 실제로 들어가서 살 집을 구매하는 것이고, 가수요란 시세차익을 노리고 구매하는 것이다. 그런데 아무리 실수요자라도 시세차익을 전혀 기대하지 않는 사람이 얼마나 되겠는가?

그렇다면 1가구 2주택 이상이면 이를 가수요라고 볼 수 있을까? 보통은 주거하는 집 이외에 추가로 구매하려는 경우를 가수요라고 할 수도 있겠지만, 이를 특별히 문제시할 수도 없는 것이 현실이다. 여유자금을 은행에 넣어두는 것이나 집 한 채를 더 사서 월세를 받는 것이나, 수익을 기대하는 심리에 무슨 큰 차이가 있겠는가?

물론 부동산 시장에서 가수요가 급속히 늘어나는 시기는 분명히 있다. 다들 조바심에 사로잡혀서 하루라도 빨리 사지 않으면 영원히 살 수 없을 것이라는 불안감이 들거나, 이번 기회만 잘 잡으면 꽤 큰 수익이 기대된다면서 시장으로 몰려가는 때이다. 이런 시기의 맹목적인 투자 열기에는 분명히 가수요가 중요한 비중을 차지하면서 시세에 큰 변동을 주게 된다.

부동산 과열 국면을 어떻게 판단할 수 있는가?

그렇다면 가수요가 이처럼 폭발하는 시기를 어떻게 알 수 있을까? 주택 구매 동기에서 주거 목적보다는 시세차익이 훨씬 더 중요하게 여겨지는 국면, 즉 버블인 시기 말이다.

지금이 과연 버블인지를 정확히 알기는 어렵다. 대부분은 그 상황이 지나고 난 뒤에야 사후적으로 판단할 수밖에 없다. 버블 시기를 제대로 맞출 수 있다면야 영화 「빅 쇼트(The Big Short)」의 주인공처럼 큰돈을 벌 수도 있겠지만 이를 맞추는 사람은 늘 극소수이다. 어떤 투자이든 간에 지금의 가격이 적정한지, 과열은 아닌지 판단하는 것은 가장 중요한 문제 중 하나다.

부동산 시장의 과열을 판단하는 기준은 다양하다. 물가, 가구소득 증가율, 다른 나라의 가격이나 다른 자산과의 수익률을 비교할 수도 있다. 이 기준들은 각기 유용한 면이 있으며, 여러 요인들을 종합적으로 판단하는 것이 최선일 것이다. 하지만 좀 더 특별한 방법은 없을까?

부동산 시장이 과열될 때는 가수요가 가격 형성의 키 포인트가 된다. 그렇다면 부동산 시장의 과열 여부를 판단하는 데에는 실수요와 가수요의 비중이 중요할 것이다. 실수요와 가수요의 비중은 어떻게 알 수 있을까?

전세가율과 부동산 가격의 상관관계

한국 부동산 시장의 과열을 가늠하는 방법 중 하나는 한국에만 존재하는 전세 시장의 시그널을 이용하는 것이다. 그것이 바로 '매매가 대비 전세가 비율'(이하 전세가율)이다.[14] 이 전세가율의 변화를 보면 주택 시장의 가수요를 판단하는 데 참고가 된다.

물론 전세가율이 결정되는 요인도 매우 복합적이다. 가장 중요한 것은 사실 금리이다. 일반적으로 금리가 높아지면 전세가율은 낮아지고, 금리가 내리면 전세가율은 반대로 높아진다. 그러나 금리가 큰 변동이 없는 상황에서 전세가율이 크게 움직이거나, 금리 변동과 같은 방향으로 움직인다면 주목해야 한다.

전국 아파트 기준 전세가율은 2016년 9월을 기준으로 75% 선을 기록했다. 당시의 예금금리가 1%대였기에 전세가율이 높을 수밖에 없었다.

다음 138쪽의 그래프는 전국 및 서울 지역 아파트의 전세가율을 보여준다. 일단 눈에 띄는 것은 전세가율이 2002년부터 2008년까지 급격히 하락한 것이다. 또한 서울과 전국 아파트의 전세가율도 크게 차이가 났다. 한창 부동산 경기가 좋았던 2006년 무렵, 서울 강남 권역의 전세가율은 40% 선 이하로 하락하기도 했다. 이 그래프에 따르면, 2008년 서울의 1억원 아파트를 전세 4천만원에 구할 수 있었던 셈이다.

그렇다면 주인의 입장에서 한번 생각해보자. 당시의 예금금리는 5% 정도였는데, 1억원을 예금하면 거의 무위험으로 이자 5%를 받을 수 있었고 연간 수익은 세전 500만원이다. 그런데 이 아파트를 4천만원에 전세를 놓아 그 돈을 은행에 입금하면 이자가 겨우 200만원에 불과하다. 그럼에도 불구하고 집주인은 이렇게 전세를 주고 돈을 빌렸다는 말

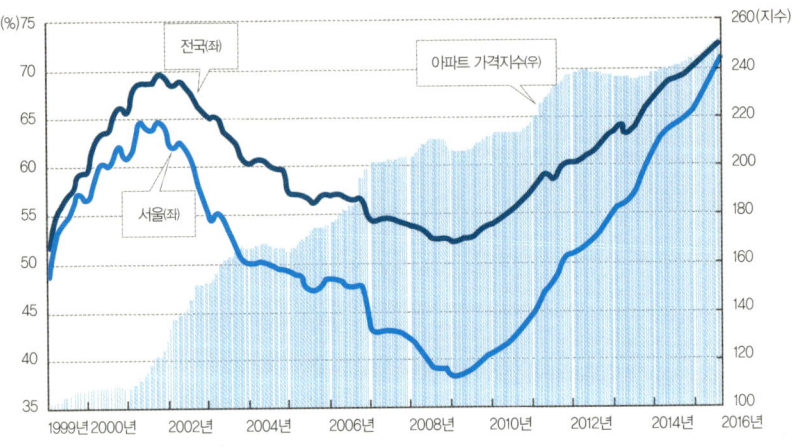

이 된다.

그렇다면 당시 서울의 아파트 주인들은 모두 이런 간단한 셈도 못해서 손해 보는 장사를 한 것일까? 전혀 그렇지 않다. 여유 주택을 전세로 내놓고, 전세금을 받아서 새로운 주택 투자에 나서겠다는 계산을 한 것이다.

당시 서울의 전세가율이 전국 평균보다 훨씬 낮았다. 서울이 아파트 가격 상승을 주도했고 지방은 거의 소외되었다. 아파트 투자 열기가 높은 곳에서는 싼값에라도 전세를 놓아 현금을 확보해 재투자에 나서려는 동기가 매우 강했던 것이다.

그 무렵 강남과 목동 등 '버블 세븐' 지역의 아파트 가격이 크게 상승한 것은 생활편의시설, 학군과 학원 등의 교육여건 때문이라는 주장도 있다. 하지만 그런 환경을 누리는 것은 전세로도 충분한데, 왜 전세가율은 점점 낮아지고 매매가만 크게 올라갔을까? 단순히 생활편의시설,

교육여건 등만으로는 이런 현상을 설명할 수 없다. 그래서 전세가율의 변화는 가수요의 크기를 판단하는 좋은 지표가 될 수 있다.

전세가율은 전국 기준으로 2009년 55%대에서 현재는 75% 수준으로 꾸준히 상승해왔다. 일부 지역의 경우에는 전세가율이 90% 이상인 경우도 있다. 이는 주택 투기 수요보다는 금리와 금융환경의 영향이 훨씬 클 것이다. 금리가 워낙 낮고 은행의 대출 문턱이 낮아지면 굳이 전세로 돈을 빌릴 필요가 줄어든다. 아파트 소유주들은 전세에서 얻게 되는 낮은 수익률을 감당할 필요가 없어지는 것이다.

수요보다 공급이다

앞서 살펴본 대로 부동산의 수요는 인구, 가구수, 소득, 금리 등 여러 요인에 의해 복합적으로 움직인다. 이 외에 정부 정책에 대응해서도 매우 탄력적으로 움직인다. 부동산 관련 세금, 재개발 관련 규제완화, 신도시 건설 등 수없이 많은 외생 변수들이 있다. 이런 많은 변수들이 각각의 중요도를 가지고 영향을 주고받기 때문에 전망을 세우는 것이 어려울 수밖에 없다.

수요 요인을 거칠게 나누면, 인구와 가구수의 변화 등 장기적 요인과 소득과 금리 변동 등 단기적인 요인으로 구분할 수 있다. 그러나 각각의 가중치를 어떻게 둘 것인가의 여부는 어림짐작할 수밖에 없다. 또한 이런 정량적인 분석을 더욱 힘들게 하는 요인이 하나 더 있다. 바로 심리적 요인이다.

부동산 호재가 겹치고 앞으로 가격 상승 전망이 우세하면, 투자심리가 급속하게 몰려서 즉각적인 수요 변화를 이끌어낸다. 이러한 쏠림이 실제로 급상승을 일으킬 수도 있다. 즉 가수요가 폭발적으로 늘어나는 현상이다. 물론 그 반대도 가능하다.

　사실 부동산의 수요 요인을 하나씩 살펴보는 것은 오히려 혼란만 더 할 수 있다. 우리나라를 놓고 보면 장기 요인인 인구 면에서는 악재, 가구수로 따지면 호재가 될 것이고, 단기 요인인 금리 면에서는 호재, 소득 면에서는 악재로 평가할 수 있을 것이다. 물론 이런 평가도 항상 유동적이고 변화한다. 그렇다면 부동산의 공급이라는 측면에서 보면 어떨까?

section 7

공급 ①
정부 공급정책과 부동산 가격의 상관관계

신규 주택 공급량

모든 상품의 가격은 수요 곡선과 공급 곡선이 만나는 접점에서 형성된다. 수요 요인이 중요하다면 공급 요인도 그만큼 중요하다고 볼 수 있다. 그런데 부동산의 공급은 훨씬 단순한 요소로 이루어진다. 그저 한 해에 주택 공급이 얼마나 이루어지고 있는지 그 양을 따지는 것이 전부이기 때문이다. 그렇다면 수요 요인을 고정시켜서 가정하고, 공급만 살피는 것도 현실적인 방법이 될 수 있다.

부동산 시장에서 공급은 기존 주택이 매물로 나오는 경우와 신규 주택이 지어져서 분양 시장으로 나오는 경우로 나눌 수 있다. 기존 주택이 매물로 나온 경우 새로운 집을 구하는 수요와 거의 일대일로 매치될 것이다. 따라서 여기에서는 일단 고려 대상에서 잠시 제외하자. 그러면 남는 것은 신규로 나오는 주택 공급량이다.

노태우 정권의 주택 200만 호 건설 정책의 위력

부동산 공급의 위력은 노태우 정권의 주택 200만 호 건설 정책에서 가장 잘 드러난다. 건국 이래로 이만큼 강력한 부동산 정책은 없었으며, 덕분에 부동산 가격은 이후 10년 가까이 안정될 수 있었다.

1980년대 후반, 한국 경제는 3저 호황으로 급격하게 성장했지만 주택 공급은 이를 따르지 못했다. 한국은 1960년대 이후부터 1980년대 말까지 경제개발 5개년 계획을 착실히 추진하며 꾸준한 경제성장을 이룩했다. 하지만 빈곤 탈출을 위한 수출 중심의 경제성장과 인프라 투자에 주력했고, 국민의 주거생활 안정을 위한 국가 차원의 투자는 아예 없었다고 할 만큼 미흡한 상태였다. 1960년대에는 GDP 대비 주거 부문의 투자가 1%대에 머물렀고, 1960~80년대까지 기간을 늘려 잡아도 평균 3%대에 불과했다.

1990년대의 연구결과를 보면, 1980년에서 1987년까지 연평균 주택 수요량은 37만 호였는데 공급량은 23만 호에 불과했다. 그러니 매년

1960~80년대 주택 건설 추이

출처: 주택 200만 호 건설계획의 성과와 향후 주택정책의 방향에 대한 정책토론회 결과보고서

구분	연도	주택건설	연평균	GNP 대비 투자율	공공/전체
제1차	1962~66년	3만 호	6.5만 호	1.6%	12%
제2차	1967~71년	54만 호	11만 호	2.6%	13%
제3차	1972~76년	76만 호	15만 호	3.6%	30%
제4차	1977~81년	112만 호	22만 호	3.8%	44%
제5차	1982~86년	116만 호	23만 호	5.2%	52%

주택이 15만 호씩 부족한 상태가 누적되어온 것이다. 그 결과 1980년대 말부터 부동산 가격이 폭등하여 전국의 평균 지가상승률이 30%대를 넘나들었다. 서울을 비롯해 부동산 붐이 일었던 지역은 가격이 1년에 2~3배씩 상승하는 경우도 비일비재했다. 전세가격 또한 갱신할 때마다 2배씩 인상되는 경우가 속출했다. 신문 지상에는 전세값이 없어서 길거리에 나앉게 된 일가족의 자살 사건이 연일 터져나오기도 했다.

이에 노태우 정부는 토지공개념 3법을 추진했다. 택지 소유에 대한 법률, 토지초과이득세법, 개발이익 환수에 관한 법률이 그것이다. 토지로 얻은 불로소득을 환수함과 동시에, 한편으로는 신도시 건설을 통한 주택 200만 호 건설이라는 어마어마한 프로젝트에 돌입했다. 우리가 알고 있는 일산, 분당 등의 1기 신도시 건설도 이때 이루어진 결과물이다.

주택 200만 호 건설이 얼마나 엄청난 것인지 감이 잘 잡히지 않는가? 이 계획이 처음 발표된 1988년 한국의 전체 주택량은 667만 호였다. 그러니까 당시 한국의 총 주택량의 3분의 1에 가까운 물량을 단 5년 만에 지어 공급하겠다는 야심 찬 계획이었다.

1986년 새로 공급된 주택은 연간 28.8만 호였고, 1987년에는 24.4만 호였다. 그런데 계획이 시작된 1988년에는 41.2만 호가 지어졌고, 최고조에 이른 1990년에는 무려 75만 호가 공급되었다. 원래 계획은 1988년부터 1992년까지 200만 호를 건설하는 것이었는데, 1991년에 이미 223.7만 호가 공급되었다. 달성이 불가능할 것이라던 초기의 비판이 무색해지는 결과였다.

이처럼 건설 붐이 엄청나게 일어나고 나니, 계획은 조기 달성되었지만 주택 건설이 금방 줄어들지는 않았다. 어차피 건설회사들은 엄청나게 생겨났고, 관련 인력과 장비들도 전부 투입되어 있는 상황이니, 계획 종료 이후로도 주택 건설은 관성의 힘을 타고 계속해서 이루어졌다. 1993년부터 외환위기 직전인 1997년까지 5년간 주택이 연평균 62.5만 호씩 쏟아져 나왔다. 1980년대에는 연 20만 호가 좀 넘는 수준이었으니, 10년 전에 비해 연 공급량이 거의 3배가 넘었던 것이다. 덕분에 1987년의 전국 주택보급률은 69%였지만, 10년 후인 1997년에는 무려 92%까지 치솟았다. 전 세계에서 이처럼 단기간에 주택이 급격하게 보급된 예를 찾기 힘들 정도였다.

1990년대 부동산 시장 안정의 이유

주택이 이처럼 단기간에 대규모로 공급되자, 주택가격은 1992년부터 즉각 잡히기 시작했다. 이렇게 이어진 부동산 대안정기는 1998년 외환위기 때까지 지속되었다. 물가상승률을 고려한 실질가격을 살펴보면, 주택가격은 1992년부터 1997년까지 거의 20%가 하락했다. 아무리 부동산 불패신화가 통한다고 하지만 적어도 1990년대는 아니었다. 그러나 외환위기가 터지고 난 후 부동산 시장은 거의 궤멸적 타격을 입었다. 대형 건설사들이 숱하게 부도를 내며 쓰러졌고, 건설업계는 주택 건설에 나설 엄두를 내지 못했다. 그래서 1990년대 내내 매년 60만 호 이상씩 공급되던 추세가 확 꺾여서 1998년에는 30만 호로 절반 수준이 되어버렸다. 이렇게 공급이 줄어들자 약 1년의 시차를 두고 1999년부터 부동산 가격은 다시 반등하기 시작했다.

한국의 주택보급률 및 주택 재고수 변화

출처: 「주택 200만호 건설 이후 주택시장의 전개」, 『환경논총』 제43권, 장성수

구분	주택보급률(%)	주택보유수(만 호)	건설호수(만 호)
1986년	69.7%	630만 호	29만 호
1987년	69.2%	645만 호	24만 호
1988년	69.4%	667만 호	41만 호
1999년	70.9%	703만 호	46만 호
1990년	72.4%	736만 호	75만 호
1991년	74.2%	785만 호	61만 호
1992년	76%	863만 호	58만 호
1986~92년	0.9%	718만 호	48만 호
1993년	79.1%	879만 호	70만 호
1994년	83.5%	913만 호	62만 호
1995년	86%	957만 호	62만 호
1996년	89.2%	1,011만 호	59만 호
1997년	92%	1,062만 호	60만 호
1993~97년	2.6%	965만 호	63만 호
1998년	92.4%	1,087만 호	31만 호
1999년	93.3%	1,118만 호	40만 호
2000년	96.2%	1,147만 호	43만 호
2001년	98.3%	1,189만 호	53만 호
2002년	100.6%	1,236만 호	67만 호
1998~2002년	1.6%	1,154만 호	47만 호

한국의 거시경제지표 및 지가변동률

출처: 「주택 200만 호 건설 이후 주택시장의 전개」, 「환경논총」 제43권, 장성수

구분	1인당 GDP		소비자물가지수		도시근로자 가계소득		지가변동률
	달러	1986=100	전국	1986=100	원	1986=100	%
1986년	2,643	100.00	48.087	100.00	473,553	100.00	7.3
1987년	3,321	125.65	49.554	103.05	553,099	116.80	14.67
1988년	4,435	167.80	53.095	110.41	646,672	136.56	27.47
1989년	5,418	204.99	56.122	116.71	804,938	169.98	31.97
1990년	6,147	232.58	60.933	126.71	943,272	199.19	20.58
1991년	7,105	268.82	66.62	138.54	1,158,608	244.66	12.78
1992년	7,527	284.79	70.759	147.15	1,356,110	286.37	−1.27
1986~92년	5,228	26.4	3.2	6.7	848,036	26.6	16.2
1993년	8,177	309.38	74.156	154.21	1,477,828	312.07	−7.38
1994년	9,459	357.89	78.803	163.88	1,701,304	359.26	−0.57
1995년	11,432	432.54	82.334	171.22	1,911,064	403.56	0.55
1996년	12,197	461.48	86.389	179.65	2,152,687	454.58	0.95
1997년	11,176	422.85	90.224	187.63	2,287	483.02	0.31
1993~97년	10,488	22.7	3.2	6.7	1,906,044	34.2	−1
1998년	7,355	278.28	97.002	201.72	2,133,115	450.45	−13.6
1999년	9,438	357.09	97.791	203.36	2,224,743	469.80	2.94
2000년	10,841	410.18	100	207.96	2,386,947	504.05	0.67
2001년	10,160	384.41	104.1	216.48	2,625,118	554.35	1.32
2002년	11,499	435.07	106.9	222.31	2,792,400	589.67	8.98
1998~2002년	9,859	31.4	2.0	4.1	2,434,465	27.8	0.062
2003년	12,720	481.27	110.7	230.21	2,940,026	620.84	3.43
2004년	14,162	535.82	114.7	238.53	3,113,362	657.45	3.86
2003~04년	13,441	27.3	2.0	4.2	3,026,694	18.3	3.645

주택 200만 호 공급 정책이 가르쳐주는 것은 매우 분명하다. 공급이 충분하면 가격도 충분히 내려갈 수 있다. 이는 수요/공급의 원리 그대로이다. 이후로도 부동산 공급량과 가격은 매우 깊은 상관관계를 보여왔다.

아파트 착공 물량과 가격 흐름

SK증권 김효진 연구위원이 발표한 「무거운 부동산의 단기전망: 공급이 답이다」라는 보고서는 부동산 공급과 가격과의 관계를 분명하게 보여준다. 특히 아파트 착공과 가격은 2년의 시차를 두고 매우 긴밀하게 연계되어 움직인다는 것을 알 수 있다. 아파트 가격을 움직이는 동인으로 주목되는 인구, 유동성, 금리, 공급 등 여러 단기 요인 중에서, '공급'이 가장 뚜렷한 상관관계를 보이고 있다.

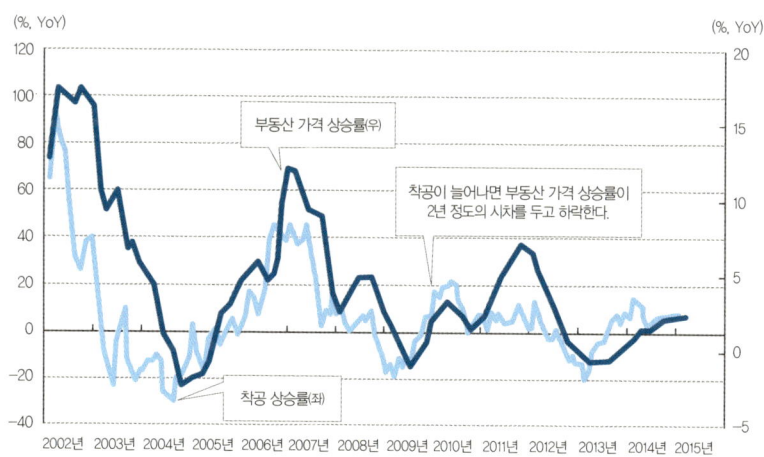

한국의 주택 착공 상승률과 부동산 가격 상승률   출처: 「무거운 부동산의 단기전망: 공급이 답이다」

section 8

공급 ②
부동산 공급을 보는
또 다른 눈

앞에서 보았듯이 아파트 공급량과 가격은 강한 상관관계가 있다. 그렇다면 아파트 착공량만 보면 2년 후의 가격을 전망할 수 있을까?

아파트 착공 물량의 변동성

일단 아파트 착공 물량 자체가 상황에 따라 변동성이 크다. 내년에는 이런저런 일이 있으니 어느 정도 공급될 것이라고 예측할 수는 있지만, 그것이 매번 잘 들어맞지는 않는다. 그러니 이를 기초로 가격을 전망하는 것도 힘들어진다. 2016년에도 국토교통부 차관이 직접 예측에 실패했다는 말을 하기도 했다.

2015년 말까지만 해도 올해 (공동주택) 분양 물량이 작년보다 25~30% 감소할 가능성이 있다고 말씀드릴 수 있었다. 그런데 상반기를 지

나 보니 국토교통부가 전망했던 것보다 주택 인허가·분양 물량이 계속해서 빠른 속도로 늘었다.[16]

공급에 시장 상황이 반영된 경우

공급이 주택가격에 영향을 미치기도 하지만 가격 때문에 공급이 영향을 받기도 한다. 그러므로 공급이 늘어났으니 기계적으로 앞으로 가격이 떨어질 것이라는 해석은 성급한 면이 있다.

 사실 주택가격이 상승 추세이면 공급이 늘어나는 것은 당연한 현상이고, 그 공급량이 현재의 수요량을 얼마나 충족시키고 있는지는 다시 검토해야 할 사항이다. 또한 상승 추세가 강력할 경우에는 투기적 가수요도 강하게 붙을 수 있으므로 공급량과 가격의 상관관계가 쉽게 어긋날 수도 있다.

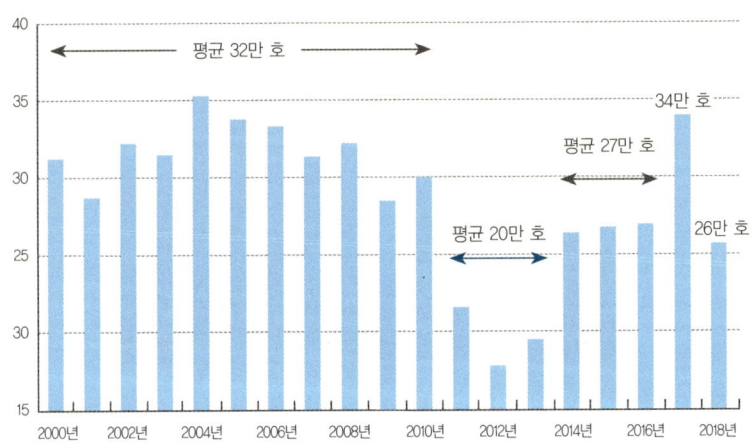

연간 주택 공급량을 종합적으로 보아야 한다

한두 해 공급이 크게 늘거나 줄더라도 정작 시장가격에 미치는 영향은 제한적일 수 있으며, 몇 년치 평균을 따져보면 다른 결론을 내릴 수도 있다. 예를 들어 단순하게 2016년 아파트 공급량이 훨씬 웃돌았다고 해서 앞으로 가격 하락이 예상된다는 식으로 말할 수는 없다. 왜냐하면 2011~14년에는 공급이 매우 부족했으므로 이 부족분을 메우는 과정이었다면, 실제로는 가격 변동이 크지 않을 수도 있기 때문이다.

위의 그래프는 2000년대 이후 연도별 아파트 입주 물량을 보여준다. 2000년대에는 아파트가 매년 평균 32만 호씩 공급되었다. 그런데 2008년 금융위기의 여파로 건설사들은 아파트 분양 여력을 거의 잃어버렸고, 이에 따라 2011년부터는 입주 물량이 연평균 20만 호 수준으로 줄어들었다. 그리고 3~4년간 입주 물량이 줄어들자 그 여파로 2015년 이후에는 다시 입주가 크게 늘어나기 시작했다. 이처럼 공급량이 크게 변동하지만, 아파트 가격의 변화는 공급량 변화에 비해서는 작은 수준이었다.

부동산 가격 결정구조를 알아야 하는 이유

부동산의 가격을 예측하는 것은 어렵다. 하지만 우리는 부동산 가격의 결정구조를 이해하고 있어야 한다. 그것은 다음과 같은 두 가지 이유 때문이다.

첫째, 사기를 당하지 않기 위해서이다. 세상에 '확실한 투자 기회'란 없는 법이다. 그런데도 부동산 시장에서는 확실한 기회라는 이야기가 언제나 넘쳐난다. 거주 목적이든 투자 목적이든, 모든 것은 불확실하다는 전제를 미리 기억하고 시작하는 것이 안전하다. 실제로도 불확실한 것이 분명하니 말이다. 그렇게 하면 최소한 사기를 당할 확률은 크게 낮아질 것이다. '이러저러한 것이 확실하니 여기에 투자하라'는 말을 일단 걸러 들을 수 있으면 훨씬 합리적인 판단을 할 수 있을 것이다.

부동산 거래에서 실제로 범죄적 의도를 가지고 사기를 치려는 사람은 소수일 것이라고 생각하지만, 결과적으로 사기나 다름없는 상황은 허다하게 일어난다. 왜냐하면 거래 당사자들이 모두 미래의 전망에 대해 어떤 확신을 가진다면, 현실은 그 확신과는 다르게 흘러갈 가능성이 너무나 높기 때문이다.

둘째, 부동산을 너무 싸게 팔지 않고, 너무 비싸게 사지 않기 위해서이다. 이 말은 증권회사에 다니던 시절에 나의 사수가 해준 말이기도 하다. 그는 나에게 주식 투자와 관련된 각종 이론을 배우는 것은 특별하게 고수익을 올리기 위해서라기보다는 '너무 싸게 팔지 않고, 너무 비싸게 사지 않기 위해서'라고 생각하라고 했다. 스치듯 지나면서 해준 말이지만, 20년이 지난 지금까지도 그 말을 기억하고 있다.

부동산 투자도 마찬가지이다. 투자 목적이든 실거주 목적이든 상관없다. 지금 현재의 가격 수준이 어느 정도인가를 판단하기 위해서라도 다양한 가격 결정 요인을 고려해야 한다.

영화 「빅 쇼트」에서 보듯, 2006년 미국의 부동산 가격이 '너무 비싼 수준', 즉 버블임을 알아챈 소수의 투자자들은 경제위기를 기회로 삼아 엄청난 돈을 벌었다. 당연하지만, 우리 모두가 이런 식의 투자를 할 수는 없다. 하지만 최소한 언론에서 나오는 기사들을 읽고 객관적인 판단을 하는 데에는 충분히 도움이 될 것이다. 뉴스에서 부동산 전문가가 전망을 하며 다양한 근거를 들 때, 그것이 얼마나 설득력 있는 근거인지 알아볼 수 있는 눈을 기른다면 부동산 투자를 훨씬 더 효과적으로 할 수 있을 것이다.

5장

내집마련 꿈은 어떻게 이용되는가?

"국민 여러분이 무엇인가를 소유하게 된다면,
여러분은 미국 미래의 중요한 한 부분을
소유하게 되는 것이나 마찬가지입니다.
미국 국민의 주택 보유가 더 늘어나면 경제의 활기도 더 커질 것이고,
더 많은 국민이 미국 미래의 중요한 부분을
함께 공유하게 될 것입니다."
— 조지 부시

section 1

한국의 자가점유율

누구나 세를 사는 것보다는 자기 집에서 사는 것이 편하고 좋을 것이다. 이는 전 세계 어느 나라 국민이든 비슷하므로, 자가 거주를 이상적으로 여기고 내집마련을 중요한 목표로 삼고 노력하는 경우가 많다.

국가적으로 보아도 자가 거주가 늘어나면 국민들의 주거환경이 안정된다. 또한 자가 거주자는 세입자에 비해 인테리어나 편의시설 등 주거에 대한 투자를 더 많이 한다. 그래서 자가점유율이 높으면 국가 전체로도 투자와 소비가 진작되는 부수적인 효과를 노릴 수 있다.

물론 자기 집에서 사는 것이 세를 사는 것보다 좋다는 것을 모르는 사람은 없다. 이 좋은 일을 못하는 이유는 딱 하나이다. 바로 집값이 비싸기 때문이다. 주택가격은 한국만 비싼 것이 아니라 다른 나라들도 마찬가지이다. 어느 나라 주거환경이 좋은 대도시의 주택은 매우 비싸기 때문에 구매가 힘들기 마련이다.

한국의 PIR은 낮은 편

주택가격의 수준을 비교할 때는 PIR(Price to Income Ratio, 가구소득 대비 주택가격) 지수를 많이 사용한다. 주택가격이 한 해 가구소득에 비해 얼마나 되는가를 따져보는 것이다. 이를테면 가구의 중간소득이 약 3천만원인 지역의 주택가격이 평균 3억원이라면 PIR 지수는 10이다. 국민들이 자기 집을 사는 데에는 보통 PIR 지수가 3 정도이면 적절하다고 본다. 다시 말해 3년치 가구소득 정도라면 집을 사는 데 큰 어려움이 없을 것이라는 대략적인 계산이다. 그런데 한국뿐만 아니라 전 세계의 어지간한 대도시에서 PIR 지수가 3인 경우는 찾아보기 힘들다.

하지만 PIR 지수의 수치를 있는 그대로 보고, 각 나라의 주택가격 수준을 비교하는 것은 적절하지 않다. 인구밀도와 주택 보급률이 다르고, 가계의 주택 보유 성향에도 차이가 있기 때문이다. 또한 통계자료의 작성방식도 조금 달라서 수평적으로 비교하는 것은 비교의 엄밀함이 좀 떨어진다. 그래서 IMF나 OECD 등의 국제기구에서도 PIR의

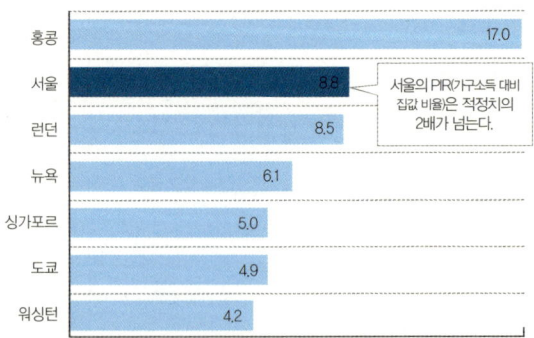

세계 주요 도시의 가구소득 대비 주택가격 비율　　단위: 배　출처: KB금융 경영연구소

※ 2014년 3분기 기준, 중위소득, 중위집값 기준

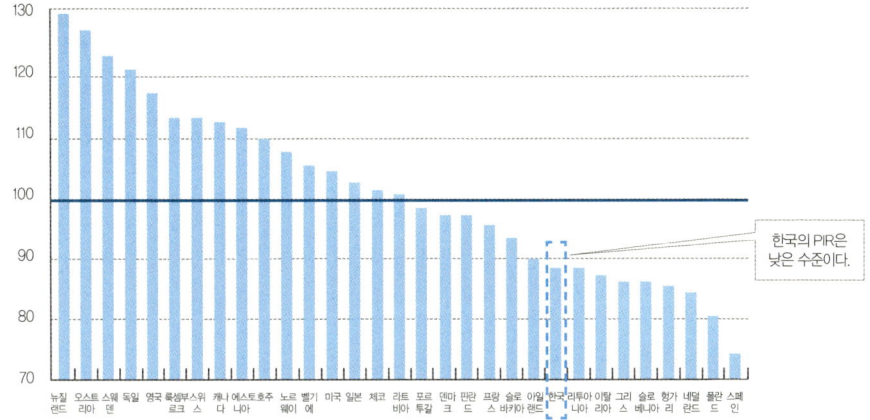

주요국의 가구소득 대비 주택가격 비율의 변화 정도 기준: 2010년=100, 2016년 1분기 | 출처: IMF

절대 수준을 국가별로 비교하는 자료는 제공하지 않고 있다.[17] 다만, PIR 비율이 국가별로 어떻게 변화하는지를 시계열로 비교해서 보여주는 통계는 여러 기관에서 제공하고 있다.

위의 그래프는 IMF에서 2010년의 PIR 비율을 100으로 했을 때, PIR의 흐름을 보여주는 자료이다. 한국의 경우 2016년 1분기의 PIR 비율은 88% 수준이다. 다른 나라와 비교해보면, 그동안 한국은 가구소득 대비 주택가격이 오히려 낮아진 편에 속한다는 것을 알 수 있다.

한국의 자가점유율은 고작 53.6% 수준

어느 나라든 주택가격이 비싸다 보니 자기 집에 사는 사람들의 비율은 대략 50~60% 수준에 머문다. 한국의 자가점유율 역시 2014년 전국 기준으로 53.6% 수준이다. 전 국민의 절반 정도만이 자기 소유의 집에서 살고 있고, 나머지 절반은 어떤 형식으로든 남의 집에 세를 들어 살고

한국의 지역별 자가점유율　　　　　　　　　　　　출처: 통계청, 국토교통부

구분	2005년	2006년	2008년	2010년	2012년	2014년
전국	55.6%	55.6%	56.4%	54.3%	53.8%	53.6%
수도권	50.2%	50.2%	50.7%	46.6%	45.7%	45.9%
광역시	55.1%	54.8%	57.4%	56.6%	56.3%	56.5%
도지역	63.7%	63.8%	64.0%	64.2%	64.3%	63.8%

있는 것이다.

　수치상으로는 한국의 주택보급률이 100%를 넘었다고 하지만, 그 주택이 전 국민에게 공평하게 한 채씩 배분되는 것은 아니다. 한 사람이 수십, 수백 채를 넘어 수천 채를 소유하고 있는 경우도 있다. 안정적인 주거환경을 누리지 못하고 철마다 이사 비용을 감내하며 전월세를 전전해야 하는 사람들의 삶은 피곤하고 박탈감도 심각할 수밖에 없다.

 **주택보급률, 자가점유율, 자가보유율**

한국의 주택 보유 현황을 보여주는 대표적인 지표로는 주택보급률, 자가점유율, 자가보유율 등 세 가지가 주로 사용된다. 전문가들도 이 지표들을 많이 거론하는데, 때로는 자의적으로 해석하거나 틀리게 인용하는 경우가 있으므로 주의해야 한다. 이 개념들을 확실히 알아두면 부동산 관련 뉴스를 볼 때 더욱 편리하다.

주택보급률

특정 국가나 지역에서 가구수 대비 주택의 비율을 보여주는 지표이다. 그 지역의 주택수가 가구수에 비해 얼마나 되는지를 총괄적으로 보여준다.

한국은 1960년대에 주택보급률이 50% 수준까지 떨어지기도 했다. 그래서 주택보급률은 주택 재고 확대라는 정책목표의 달성도를 나타내는 주요 지표로 활용되어왔다.

주택보급률 = 총주택수 / 일반 가구수 × 100

※ 일반 가구수에는 1인가구나 비혈연가구(친구들끼리 모여서 사는 경우 등)도 포함된다.
※ 주택수에는 빈집이나 다가구주택의 구분거처(2층짜리 주택에서 1,2층을 나누어 사용할 경우 2주택으로 구분하는 식)도 포함된다.

자가점유율

자가점유율은 전월세 등의 임대가 아니라 자기 집에서 직접 거주하는 가구의 비율을 말한다. 자가점유율은 주택보급률의 한계를 보완해주는 역할을 하며, 주택보급률이 비슷한 지역이라도 자가점유율이 다르게 나타날 수 있다. 이는 주택 보유에 대한 사고방식, 외지 거주자의 비율, 다주택자의 비율, 전월세 비율, 잠재수요자 등이 다르기 때문이다. 자가점유율은 그 지역의 거주형태, 구조, 배분비율 등을 알 수 있는 지표로 활용된다.

자가점유율 = 자가점유 가구수 / 총가구수 × 100

한국의 자가점유율은 1975년에는 63%대였으나 현재는 53% 수준이다. 자기 집에 사는 가구가 전체의 반 정도인 약 53%라는 것이다.

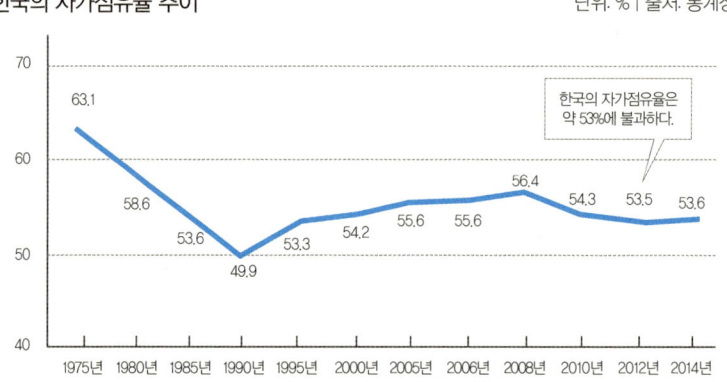

한국의 자가점유율 추이   단위: % | 출처: 통계청

자가보유율

자가보유율은 자기 집을 소유하고 있는 가구의 비율이다. 현재 전월세로 살고 있는 가구라도 자기 소유의 주택이 있다면 자가보유 가구이다. 이를테면 대구에 집이 한 채 있는데 서울에서 전세로 살고 있을 경우, 이 가구는 자가 점유 상태는 아니지만 주택을 보유하고 있으므로 자가 보유 가구이다.

자가보유율 = 자가보유 가구수 / 총가구수 × 100

한국은 이처럼 자기 집이 따로 있는 상태에서 여러 사정으로 인해 남의 집에 세 들어 사는 경우가 꽤 많다. 그래서 자가보유율이 자가점유율보다 5~7% 정도 높다.

section 2

미국은 주택 자가보유율을 어떻게 높였나?

개인으로나 국가적으로나 임대보다는 자기 집에서 사는 것이 좋은 일이라면, 정부 부동산 정책의 주요 목표 중 하나는 자가보유율을 높이는 것일 것이다. 게다가 한국뿐만 아니라 전 세계적으로도 경제적 불평등이 매우 중요한 이슈인데, 자가보유율이 높아진다면 불평등 문제도 많이 완화될 것이다. 각자 보유한 집값은 차이가 나겠지만, 그래도 자기 집이 있고 없고의 차이보다야 크겠는가.

미국 자가보유율의 장기 추세

실제로 국민의 주택 보유 증가를 정부의 가장 중요한 정책 어젠다로 삼아 상당히 성공을 거두기까지 한 나라가 있다. 하지만 그 결과는 끝내 파국적인 실패로 끝나버렸다. 바로 미국이다. 인도 중앙은행 총재였던 라구람 라잔 교수는 그 과정에 대해 『폴트 라인(fault line)』이라는 책에서 잘 묘사하고 있다.

제2차 세계대전 종전 이후 미국은 인류 역사상 길이 남을 대호황을 경험했다. 빈부격차도 크게 완화되었다. 많은 미국인들이 열심히 일해서 자기 집을 마련하고 경제적 안정을 이룰 수 있었던 시기였다. 1950년대의 미국은 높은 경제성장률, 낮은 빈부격차, 낙관적인 사회 분위기가 결합된 그야말로 풍요로운 제국이었다. 그 무렵 미국의 자가보유율은 40%대에서 60%대까지 급등했다. 그리고 이후 거의 30년 이상 64% 선을 꾸준히 유지해왔다. 이처럼 자가보유율이 매우 안정적으로 유지되었다는 것은, 미국 경제 시스템에서 국민의 부동산 보유에 관한 최적점을 찾았다는 의미이기도 하다. 그런데 1990년 중반 이후 클린턴 행정부 때 변화가 생겼다.

미국은 1990년대 중반 새로운 부흥기를 맞이하고 있었다. 그동안 미국을 괴롭히던 쌍둥이 적자(경상수지 적자와 재정적자)가 거의 해결되고,

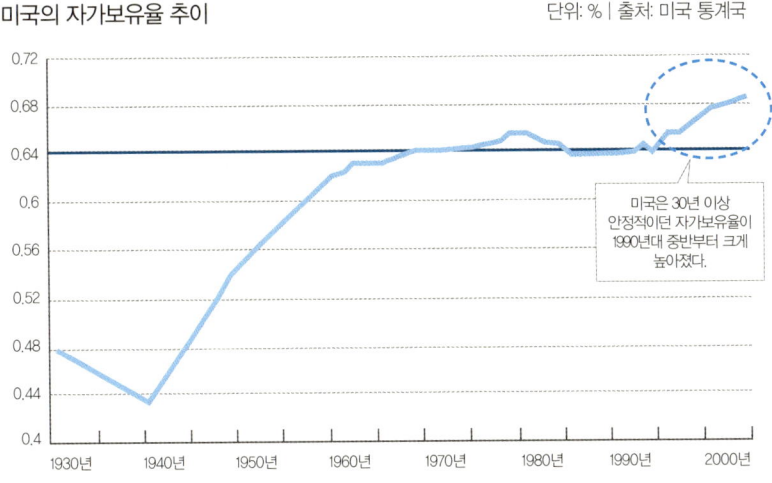

미국의 자가보유율 추이   단위: % | 출처: 미국 통계국

미국은 30년 이상 안정적이던 자가보유율이 1990년대 중반부터 크게 높아졌다.

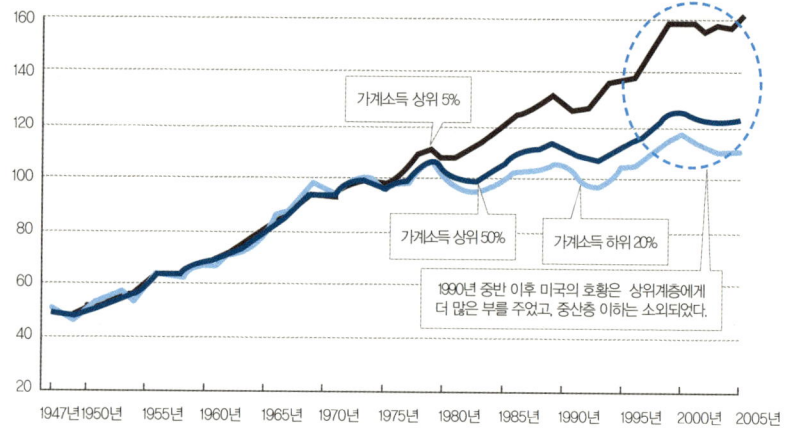

경제성장률이 4%대로 높게 유지되었으며, 실업률이 완전고용에 가까울 정도로 낮아지는 등, 미국 경제는 '신경제'의 초입에 들어섰다는 평가를 받고 있었다.

그렇지만 대다수 미국인들은 이러한 화려한 경제적 성과의 과실을 향유할 수 없었다. 바로 부의 집중화 현상 때문이었다. 실질임금의 증가는 상위 5% 이상에 집중되었다. 최상류층은 주가 상승 등으로 자산소득이 크게 증가하여 과거보다 훨씬 많은 부를 챙길 수 있었지만, 중산층 이하의 계층은 경제성장의 과실로부터 계속 소외되었다. 당연히 국민들의 불만이 고조되었고 정치권은 이에 대한 해법을 찾아야 했다.

빈부격차가 심해진 미국의 정치적 선택

1990년대 이후 미국의 빈부격차가 그처럼 급격하게 심화된 이유는 무엇일까? 조금 더 자세히 알아보자.

미국의 최고소득세율은 한때 90%까지 육박했지만, 레이건 정부 이후로 28%까지 급격히 인하되었다. 기업은 기술발전에 따라 소수의 고급 노동력을 필요로 했으며 이에 따라 저숙련 노동자의 일자리가 줄어들었다. 또한 레이건 정부 이후 진행된 반노조 정책 때문에 노동자 계급의 임금 협상력이 크게 떨어졌다. 아울러 과거 대공황 시절의 반경쟁 정책으로 임금상승이 억제되었는데, 갑자기 규제가 완화되면서 소수 노동자들의 임금이 크게 상승했다.

이밖에도 여러 원인들이 제시되고 있지만, 여러 학설 중에서 가장 큰 지지를 얻는 것은 역시 '숙련편향적 기술 진보설'이다. 고급 교육을 받은 소수의 고급 노동자들만 높은 임금을 받을 수 있는 사회로 변했기 때문이라는 것이다. 만약 이 주장이 맞다면, 미국 정부는 빈부격차를 해소하기 위한 대안으로 교육수준을 높였어야 했다. 또한 만약 너무 낮은 소득세율이 문제라면 소득세를 올려야 했고, 반노조 정책이 문제라면 노조친화적 정책으로 바꾸어야 했으며, 갑작스러운 규제완화가 문제라면 정부 규제를 좀 더 합리적으로 바꾸려는 노력을 했어야 했다.

그러나 이러한 대안들은 각기 약점을 가지고 있었다. 고등교육 체계를 바꾸는 개혁은 정당마다 개혁 방향에 대한 의견이 달랐고, 개혁의 효과가 언제 나타날지 장담하기 어려웠다. 게다가 소득세 인상 정책은 국민들에게 인기가 없었다. 미국은 국민의 71%가 빈곤층도 얼마든지 가난에서 벗어날 수 있다고 믿는 아메리칸 드림의 나라이다. 그래서인지 부자에게만 증세를 하더라도 중산층들까지 자신들에 대한 증세로 받아들이는 경향이 있었기에, 소득세 인상 정책을 시행하는 데에는 정치적 부담이 있었다.

그런데 미국은 4년마다 대통령 선거를 치러야 한다. 그래서 국민들의 불만을 누그러뜨리는 데 효과가 빠르면서도, 정치적으로는 저항이 적은 대책을 필요로 했다. 그래서 도입된 것이 바로 '대출 확대 정책'이었다.

오너십 소사이어티

대출 확대 정책은 빈곤층이 적은 소득 때문에 불만이 많다면, 대출을 쉽게 받을 수 있도록 해주면 되지 않느냐는 매우 단순한 대책이었다. 대출로 집을 사게 되면 부유층처럼 부동산 가격 상승의 혜택을 누릴 수 있게 될 것이다. 물론 대출은 갚아야 하지만 그것은 미래의 일이다. 미국 정치권은 대출 확대 정책을 환영했고, 이 정책은 국민들에게 즉각적인 효력을 발휘했다.

1995년 클린턴 대통령은 국민 주택 보유 증대 전략과 관련한 보고서 서문에서 다음과 같이 말했다.

> 지난해 나는 관련 장관들에게 이번 세기가 끝날 즈음, 미국 역사상 주택보유율이 가장 높은 수준에 도달할 수 있는 계획을 개발해달라고 요청했다. 주택보유율이 늘어나면 미국 가정과 공동체의 힘이 커질 것이고, 미국 경제의 힘도 강화될 것이며, 미국의 위대한 중산층도 따라서 증가할 것이다. 미국 근로계층의 가정이 주택 보유에 대한 꿈을 다시금 불태우도록 만드는 정책을 통해, 우리는 21세기에 미국을 훨씬 더 부강한 나라로 만들 수 있을 것이다.[18]

클린턴 행정부의 이러한 정책기조는 의회에서도 환영을 받았다. 이에 클린턴 행정부는 주택금융을 중심으로 가계대출을 확대하는 정책을 적극적으로 폈다. 이후 공화당의 부시 정부는 클린턴 정부의 거의 모든 정책을 부정하는 ABC(Anything But Clinton) 정책을 시행했다고 알려져 있지만, 이 주택금융 확대 정책만큼은 충실하게 받아들였다. 부시 행정부는 2기 집권 때부터 아예 정권의 핵심 슬로건으로 '오너십 소사이어티(ownership society)'라는 문구를 내걸고 이를 추진했다.

오너십 소사이어티 어젠다는 부시 정부의 핵심 경제공약이었기에 그 내용도 매우 방대했다. 2004년 9월 공화당 전당대회에서 발표된 주요 내용을 보면 첫째, 소비·저축·투자에 관한 개인의 선택권 확대, 둘째, 자가소유, 자영업 활성화 및 투자 확대를 위해 개인퇴직연금 계정 및 의료저축 계정의 확대, 셋째, 감세의 영구화 등을 골자로 하고 있다.

부시 정부는 부동산의 자가소유를 늘리기 위해 모기지(주택담보대출) 이자에 대해 세액공제를 해주고, 연방정부의 주택 관련 예산 집행을 주 정부에 좀 더 위임하고 토지 관련 규제를 완화했다. 조지 부시는 2004년 6월 17일 연설에서 다음과 같이 말했다.

> 국민 여러분이 무엇인가를 소유하게 된다면, 여러분은 미국 미래의 중요한 한 부분을 소유하게 되는 것이나 마찬가지입니다. 미국 국민의 주택 보유가 더 늘어나면 경제의 활기도 더 커질 것이고, 더 많은 국민이 미국 미래의 중요한 부분을 함께 공유하게 될 것입니다.[19]

부시 대통령의 이 연설은 10년 전 클린턴 대통령의 보고서 서문과 거의 비슷한 내용이지만, 주택보유율 증대 전략을 훨씬 더 직접적으로 언급하고 있다. 연설 이후 가계대출 확대 정책은 더욱 가속화되었고, 이에 따라 미국 부동산 시장은 활활 타올랐다. 1995년 무렵부터 2006년까지 미국 정부는 국민들의 주택보유율을 높이겠다는 목표 아래 초당적으로 꾸준히 협력했던 것이다. 이런 과정을 간략히 정리하면 다음과 같다.

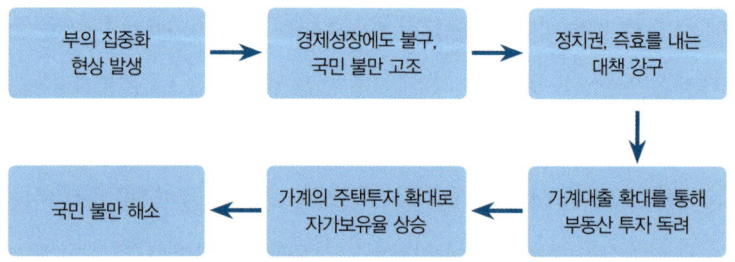

미국 정부는 10년에 걸쳐 주택보유율 상승 정책을 폈고, 결론적으로 성공을 거두었다. 미국의 주택보유율은 1960년대부터 1995년 무렵까지 거의 35년 동안 약 65%를 유지해왔는데 이후 10년 동안을 거치며 69%까지 상승했다. 이 정책으로 미국 가정의 4%가 추가적으로 자기 집을 가질 수 있게 되었다. 무려 30년 이상 꼼짝도 하지 않았던 주택보유율에 변화가 생긴 것이다.

그런데 부시 대통령의 연설 이후 3년 만에 미국은 서브프라임 모기지 위기와 이에 따른 대량실업 사태를 겪어야 했다. 미국 통계청의 자료를 보면 2015년 현재 주택보유율은 다시 63.7% 수준으로 복귀해버렸다. 결과적으로 클린턴과 부시 대통령의 장담과는 전혀 다른 방향으로 상황이 진행된 것이다. 왜 그랬을까?

주택보유율 상승 정책의 위험

한 국가가 주택보유율을 높이려면 두 가지 방법을 쓸 수 있을 것이다.

첫째, 가계소득의 확대와 주택가격의 안정이다. 주택가격이 안정적인데 가계소득이 증가하면 집을 사려는 사람이 늘게 마련이다. 이것은 가장 기본이자 정석이라고 할 만한 방법이다. 하지만 문제도 있다. 가계소득을 늘리는 것이 매우 어려운 일이라는 점이다.(사실 소득이 늘어나기만 한다면야 무슨 문제가 있겠는가?) 그래서 미국은 두 번째 방법이 필요했다.

둘째, 미국 정부가 실천한 바와 같은 대출 확대 전략이다. 주택은 비싼 상품이므로 구입 시 거의 대부분의 사람들이 금융의 도움을 받는다. 그래서 대출 확대 정책을 펴면 효과가 즉시 나타나게 된다. 그러나 이 쉽고 빠른 방법에는 대가가 따른다. 바로 주택가격의 상승이다.

미국의 물가상승률을 반영한 실질 주택가격은 1995년부터 2005년까지 80% 상승했다. 주택가격이 이처럼 크게 상승하자, 주택 구입을 위한 대출이 점점 더 많이 필요하게 되는 악순환이 벌어졌다. 세상만사가 그렇듯, 과유불급이다.

은행들은 처음에는 신중하게 우량고객의 대출을 늘렸다. 이것이 바로 프라임 대출이다. 그런데 상환 능력이 충분한 사람들이 어지간히 대출을 받고 난 다음에도 여전히 은행에는 돈이 넘쳐났다. 정부의 보증은 확실했고, 온갖 신기한 금융기법들이 속속 등장하면서부터 은행들은 점점 과감해졌다. 그래서 비우량 고객들에 대한 대출까지 점차 늘리기 시작했다. 이것이 바로 서브프라임 대출이다.

실제로 미국 시카고 지역의 대출을 실증적으로 연구한 결과를 살펴보면, 2002~05년 저소득층 밀집 지역의 대출 증가 속도가 고소득층 지역보다 2배나 높았다. 특히 유의할 점은 저소득층 지역의 가계소득이 감소하는 와중에도 이처럼 대출이 크게 증가했다는 점이다.[20] 과거에는 금융기관들이 대출자의 소득에 따라 대출액을 결정했는데, 평소의 보수적인 행태와는 정반대의 모습을 보인 것이다.

2006년 말 잔액 기준으로 빈곤층에 대한 대출은 약 1조 2천억 달러에 달했다. 다른 저신용 대출인 홈 에쿼티 론(Home Equity Loan)까지 합치면 2조 4천억 달러로 추정되기도 한다. 경제규모가 세계 11위인 한국의 2016년 연간 GDP가 약 1조 4천억 달러이니, 거의 한국의 1년 GDP에 해당하는 엄청난 대출이 미국 저소득층에게 뿌려진 것이다.

당시 미국의 모기지 대출 잔액은 총 10조 달러였으며, 빈곤층에 대한 대출은 약 1조 2천억 달러였다. 즉 빈곤층 대출은 미국 주택담보대출 전체의 약 12%였고, 2006년 말 기준 미국 가계 순자산인 56조 달러의 고작 2.1%에 불과했다. 그리고 이 부채가 전부 부도가 난 것도 아니다. 2006년 최고조에 달했을 때, 서브프라임 채무의 연체율은 약 13%였다. 미국 전체로 보면 약 1,500억 달러 정도의 부채가 연체 상태에 있었다는 말이다.

그런데 서브프라임 모기지 사태는 첨단 금융기법으로 엄청나게 복잡해진 금융 시장에 큰 충격을 주었고, 금융기관들은 패닉에 빠져버렸다. 리먼 브라더스를 비롯한 수많은 금융기관들이 파산했고, 1929년

대공황 이후 최대 규모의 금융위기로 이어졌다. 이후 주식과 부동산 시장의 대폭락으로 약 10조 달러 이상의 자산이 허공으로 날아가버렸다.

정리하면, 미국 경제는 건실하게 잘 성장하고 있는 중이었지만, 그 성과는 소수의 부유층에게만 집중되었고, 이에 국민들의 불만이 커지면서 정치권이 위협을 느끼게 되었다. 이를 해소하기 위해 미국 정부는 국민들에게 더 많은 대출을 제공하여 주택보유율을 높이는 정책을 실시했고, 10년 만에 주택보유율을 4%나 높이는 가시적인 성과를 거두기도 했다. 하지만 이를 이루기 위해서 저신용자를 대상으로 한 서브프라임 대출이 1조 2천억 달러가량 공급되었고, 이는 미국 가계 순자산의 2%에 불과했지만 금융 시장의 핵심적인 상품으로 커졌다. 그리고 이 중 약 13%가 연체되었고, 이를 계기로 금융위기가 터지면서 결국 200만 호 이상의 주택이 압류되었다.

이것을 한 문장으로 더 요약한다면, '미국 가계 중에서 4%가 주택을 더 보유할 수 있게 하려다가, 미국과 세계 경제를 망하게 할 뻔하고 주택 200만 채를 압류로 날려버린 사건'이다. 그렇다면 이제 주택보유율을 인위적으로 높이는 것이 얼마나 위험한 결과를 초래하는지 살펴보겠다.

section 3

자가보유율
확대 정책의 함정

앞에서 자가보유율이 높아지면 개인이나 국가에게 여러 이점이 있다고 했다. 그렇다면 자가보유율이 높으면 그에 비례해 주거 안정성이나 만족도가 높을까? 당연히 그럴 것이라고 예상할 수 있을 것이다. 그런데 실제로 통계를 보면 그러한 예상과는 전혀 다른 모습이다.

자가보유율이 낮은 독일, 왜 주거만족도가 높은가?

먼저 독일의 예를 들 수 있다. 독일은 OECD 국가 중에서 스위스(34%) 다음으로 자가보유율이 낮은 나라(43%)이다. 선진국의 자가보유율은 대부분 60% 이상인 데 비해 독일은 40% 선에 머물고 있다. 이는 국가 단위로 보아도 낮은 수치이지만, 주요 대도시별로 비교해보면 더욱 극적이다.

독일은 국토의 면적이 넓은 데다가 균형적으로 활용하고 있기 때문에 도시 집중도가 그리 높지 않다. 그러므로 농촌 지역은 자가보유율이 높고, 뮌헨 같은 대도시 지역은 전국 평균에 비해 자가보유율이 훨씬 낮다. 3대 도시 중 하나인 뮌헨의 자가보유율은 고작 17%에 불과하며 대부분의 뮌헨 시민들은 월세를 살고 있다. 그런데도 다른 유럽 국가들에 비해 주택가격이나 임대료가 상대적으로 안정적이고 국민들의 주거만족도도 높은 편이다. 왜 그럴까?

세계 주요 도시의 자가보유율   출처: 국제부흥개발은행

도시	홍콩	싱가폴	런던	파리	뮌헨	워싱턴	도쿄	방콕
자가보유율	43.0%	90.2%	58.0%	43.0%	17.0%	61.0%	40.12%	68.0%

독일 주요 도시인 뮌헨의 자가보유율은 고작 17%에 불과하다.

자가보유율이 높은 홍콩, 왜 주거만족도가 낮은가?

반면 홍콩은 자가보유율이 43% 선이고, 2000년대 이후로 꾸준히 50%대를 넘어서고 있다. 그런데 홍콩 시민들은 주거 문제로 엄청난 고통을 받고 있다. 2015년 미드레벨 지역 39콘딧로드의 433㎡(130평)짜리 아파트는 4억 3,380만 홍콩달러(130억원)를 기록하여 아시아 최고치를 갱신했다. 참고로 한국에서 가장 비싼 아파트는 한남동 한남 더힐 펜트하우스(332㎡, 100평)로 분양가가 84억원(평당 8,150만원)이었다. 어지간한 홍콩 도심지역의 아파트는 평당 1억원이 넘으며, 14.5평짜리 낡은 아파트의 월세가 무려 350만원에 달한다.

한편 홍콩 초고가 아파트의 이면에는 매우 열악하면서도 비싼 서민

용 주거 현실이 있다. 홍콩은 국가가 제공하는 공공주택이 33%나 되고, 8평짜리 공공주택의 월세는 보증금 없이 14만원 수준이다. 하지만 공공주택에 대한 수요가 너무 많기 때문에 이곳에 입주하려면 10년을 넘게 기다려야 하고, 그동안에는 10배가 넘는 월세를 내고 민간임대주택에 살아야 한다.

홍콩의 1인당 평균소득은 4만 달러에 달한다. 그런데도 주택가격과 임대료의 부담이 너무 높다 보니, 아파트 한 채를 잘게 쪼개어 2층 침대를 놓고 여러 가구가 함께 사는 큐비클(칸막이집)이나 옥탑방에 거주하는 이들이 20만 명이 넘는다. 그런데 이렇게 극도의 열악한 주거환경에도 불구하고 결코 월세가 싸지 않다는 것도 문제이다. 홍콩에서 가장 가난한 지역의 3평짜리 큐비클 월세가 우리 돈으로 90만원에 달한다. 이런 살인적인 주거환경의 악화는 중국 본토의 부유층들이 홍콩 부동산을 매입하는 데 열을 올리면서 더욱 심화된 것이다. 그래서 홍콩은

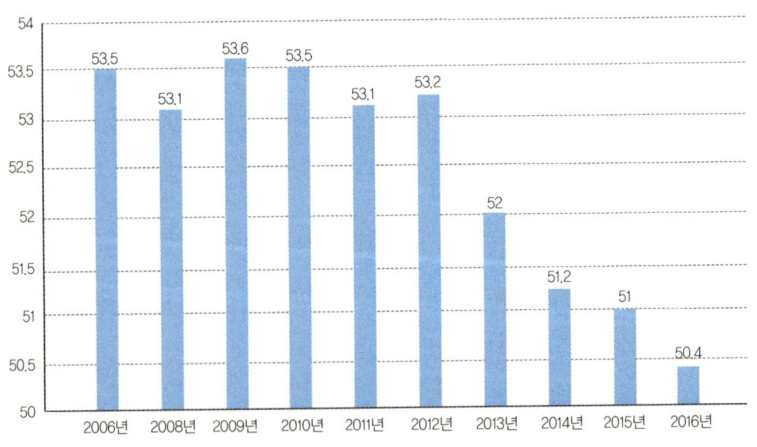

홍콩의 자가보유율 추이   단위: % | 출처: 홍콩 조사통계국

자가보유율이 50%를 넘지만, 자가보유율이 17%대인 뮌헨과 비교했을 때에도 주거환경이 훨씬 더 열악하다고 볼 수 있다.

결국 각 국가와 도시마다 인구밀도와 소득 수준, 주거공급의 양과 질에 차이가 나기 때문에, 국가나 도시별로 단순 비교하여 무조건 자가보유율이 높으면 좋고, 낮으면 나쁘다고 말할 수는 없다.

그러나 한 국가의 지도자들은 자기보유율을 높이는 데 큰 유혹을 느낄 수밖에 없다. 일단 국민들이 환영하는 정책이고, 정치인으로서 인기나 재선 가능성을 조금이라도 높일 수 있는 정책이기 때문이다. 그래서 자가보유율 목표를 달성하기 위해 인위적인 수단을 쓰는 경우도 많다. 가장 대표적인 경우가 바로 과거 클린턴과 부시 대통령 시절의 미국일 것이다. 이제 한국의 문제로 가져와보자.

section 4

한국은 자가보유율 유혹에서 자유로운가?

미국이나 독일 등의 이야기를 그저 다른 나라 이야기로만 치부할 수 있을까? 한국은 이들 국가와 다르니 괜찮다고 할 수 있을까?

당연히 한국 역시 예외가 아니다. 인위적이고 지나친 자가보유율 상승 정책으로 인한 문제는 결국 정치와 경제가 부적절하게 결합했을 때 벌어지는 비극의 한 예이다. 구체적인 양상은 다르겠지만, 정치와 경제가 적절하게 서로를 견제하고 타협하는 문화가 사라지면 언제 어디에서든 벌어질 수 있는 일이다. 한국에도 전형적인 사례가 있다. 바로 지난 2000년대 중반의 뉴타운 열풍이다.

뉴타운 열풍이 남긴 상처

2000년대 중반 한국에서 '뉴타운'은 마법의 단어였다. 훨씬 쾌적한 집을 공짜로 얻을 수 있고, 거기에다 엄청난 돈까지 벌 수 있다는 환상이 대한민국을 흔들었다.

뉴타운이란 정확하게 말하자면 '도시재정비 촉진을 위한 특별법에 따른 재정비 촉진사업'이다. 원래 도시의 주거공간을 재정비하는 방법은 재건축, 재개발, 주거환경 개선, 도시환경정비 등 네 가지로 나뉜다(184쪽 참조). 뉴타운은 이 네 가지 방법을 모두 포괄하여 대단위로 개발하려는 방식이다. 즉, 도시에서 재개발이나 재건축이 소규모로 군데군데에서 진행되면 마구잡이 개발이 될 수 있기 때문에 이를 크게 묶어 좀더 계획적으로 개발하자는 취지였다.

뉴타운 정책은 물론 취지 자체로만 보면 훌륭하다. 하지만 이는 현실적으로 불가능한 계획이었고, 결국 엄청난 부작용을 낳고 사그라들었다. 뉴타운 열풍이 꺼진 지 거의 10년이 되었지만, 여전히 당시의 흥

서울의 뉴타운 지도  출처: 김학렬, 『대한민국 부동산 투자』

터가 서울 곳곳에 남아 있다.

뉴타운 사업의 실패 이유

뉴타운 사업이 대실패로 끝난 이유는 사실 너무 단순해서 어이가 없을 지경이다. 뉴타운 사업지구가 한꺼번에 너무 많이 지정되어 시장이 도저히 이를 소화할 수 없었기 때문이다.

1973~2002년의 30년 동안 서울 지역에서 주택 재정비사업이 완료된 면적은 총 1,010만㎡였다. 그런데 2002~06년의 단 5년 동안 뉴타운 사업지구로 지정된 면적이 무려 2,380만㎡에 달했다. 즉 지난 30년 동안 서울 시내에서 벌어진 모든 재정비사업 면적보다 2.5배나 넓은 지역이 뉴타운 지구로 선정된 것이다.

이것만 보아도 이 사업의 문제점과 실효성에 의심을 가져봐야 할 필요가 있었다. 그렇지만 이 뻔한 숫자가 뉴타운의 태풍이 한참 몰아칠 때에는 전혀 보이지 않았다. 2002년 길음과 은평, 왕십리가 뉴타운 시범사업지구로 정해졌고, 2003년 한남·노량진 등 12개 지구가 2차 뉴타운 구역으로 지정되었으며, 2005년에는 장위·수색 등이 3차 뉴타운 구역으로 지정되었다.

초기에 뉴타운 지구가 선정되었을 때는 즉시 가격이 요동을 쳤다. 은평구와 성북구 등 초기 뉴타운 지구의 아파트 가격은 1년 만에 20% 가까이 급등했다. 강북에 집중되어 선정된 뉴타운 지구 덕분에 이제 강남만큼 발전할 수 있겠다는 희망에 부푼 시민들은 2006년 선거에서 뉴타운 지구를 50개로 늘리겠다는 오세훈 시장을 뽑았다.

그러나 오세훈 시장은 당선된 이후 뉴타운의 위험성에 대해 걱정하며 슬금슬금 발을 빼는 모습을 보였다. 공약과는 달리 추가 뉴타운을 10개 이하로 최소화하겠다고 발표한 것이다. 그러나 2008년 총선에서 뉴타운 바람이 다시 불붙었다. 서울의 48개구 중 29곳에서 뉴타운 공약이 나왔고, 여당은 서울에서만 40곳에서 승리했다. 한마디로 '뉴타운 선거'라고 불릴 만한 선거였다. 하지만 오세훈 서울시장은 선거가 끝나자마자 "추가 뉴타운 지정은 절대 없다"며 못을 박았고, 실제로도 추가 지정은 없었다. 한마디로 뉴타운을 둘러싼 거대한 정치 사기극이 벌어진 것이다.

사업 중단, 그후

그 결과는 참혹하다. 전체 뉴타운 구역의 25%가 시작도 하지 못하고 해제되었다. 그러나 그냥 사업이 중단되는 것으로만 끝나는 문제가 아니었다.

서울시가 2013년에 발표한 보고서에 따르면, 해제된 지역의 건물 중 75%가 1, 2층 단독주택이고, 이 중에서 30년 이상 경과된 노후·불량 건축물의 비율이 83%에 달했다. 달리 말해 지역이 슬럼화되었다는 뜻이다. 재정비가 필요한 지역이니 원래 낡은 주택들이 모인 곳인데, 10여 년 동안 개발 예정지라는 이유로 주택을 거의 유지·보수하지 않았으므로 노후화가 더욱 가속화된 것이다.

게다가 뉴타운 해제지구는 65세 이상 고령인구의 비중이 평균 15%에서 최대 23%로 서울시 평균에 비해서 높고, 세입자 비율이 무려 70%까지 된다. 뉴타운 사업이 실제로 가장 필요한 지역들이 가장 큰 상처를 남기고 해제되어버린 것이다. 가난한 지역이다 보니 뉴타운 사업비를 확보할 방법도 없었고, 더욱 가난해지는 결과를 가져왔다.

현재 진행중인 곳은 괜찮은가?

그렇다면 현재 사업이 진행중인 곳은 괜찮을까? 그것도 아니다. 현재 뉴타운 사업 구역 중 완료된 곳은 전체 지정 구역의 15%인 40개 구역 밖에 없다. 남은 157개 구역 중에서 단 15곳에서만 공사가 착공되었고, 사업 추진 주체가 없이 구역 지정만 된 구역이 22곳, 조합 설립 전단계인 추진위가 구성된 구역이 27곳이고, 조합이 설립된 구역이 38곳, 사업시행인가를 받은 구역은 36곳, 관리처분계획인가를 받은 구역은 19곳 등 대부분의 지역에서 진행이 지지부진하다. 이 와중에 주민들의 반목은 더욱 심해지고 각종 소송이 난무하고 있다. 오랜 시간 함께해왔던 지역공동체가 뉴타운을 둘러싸고 대대적으로 해체되어버리는 상황이 벌어진 것이다.

또한 사업이 성공적으로 완료된 곳이라 해도 부작용이 없는 것은 아니다. 일단 뉴타운은 소형주택을 밀어내고 중대형 아파트를 공급하는 방식이다 보니, 주택 공급이 늘어나는 것이 아니라 오히려 주택수가 줄어드는 결과가 생기기도 했다.

서울시 자료에 따르면, 이 사업을 통해 총 136,346호의 주택이 철거되고 67,134호의 주택이 신축될 예정이라고 한다. 새로 지어지는 주택은 쾌적하겠지만 그만큼 비싸다는 것이 문제다. 그래서 두 번째 문제가 발생한다. 원래 이곳에 살던 원주민이라 할 수 있는 서민층이 대부분 밀려나게 된 것이다. 길음 4구역의 경우 재개발 후 약 15.4%만이 해당 지역에 정착을 했으며, 나머지 84.6%의 원주민들은 정을 붙이며 살아

온 동네를 떠나 다른 곳으로 이주해야만 한다.[21]

이처럼 신중하지 못했던 뉴타운 공약을 통해 정치는 정치대로 왜곡되고, 부동산 시장은 부동산 시장대로 망가져버렸다. 그나마 미국처럼 거대한 금융위기로 발전하지 않았으니 다행이라고 자위해야 할까? 뉴타운이 거대한 실패로 끝났으니, 이제 다시는 그런 실수를 되풀이하지 않을 것이라고 믿을 수 있을까?

절대 그렇지 않을 것이다. 부동산은 우리의 삶을 구성하고 있는 필수재이면서도 동시에 가장 드라마틱한 수익률을 보여줄 수 있는 투자자산이기도 하다. 어떤 정치권력이든 부동산을 자기의 수단으로 쓰고 싶은 욕망은 분명히 있을 것이다.

또다른 실패를 막기 위해

한국의 부동산 문제를 오랫동안 깊이 연구해온 손낙구의 명저 『대한민국 정치사회지도』에서는 이런 과정을 극적으로 보여주고 있다. 이 책은 2005년도 인구 센서스 자료를 중심으로 각종 선거 관련 통계를 분석했다. 부동산의 보유 정도에 따라서 투표성향이 어떻게 갈라지는가를 꼼꼼한 통계분석을 통해 알려주고 있다. 『시사IN』 제121호에 실린 손낙구의 기사에서 주요 내용을 인용해보겠다.

> 서울에서 주택소유가구 비율이 평균 이상인 242개 동네의 한나라당 지지율은 40%인 데 비해, 주택소유가구 비율이 평균 미만인 276개 동네의 한나라당 지지율은 34%였다(2004년 총선 기준). 한나라당은 집 가진 사람이 평균 이상인 동네에서 6%포인트를 더 얻은 것이다. 반면 무

주택자가 평균보다 많은 동네에서 새천년민주당과 열린우리당의 지지율은 각각 43%와 48%였다.

또 주택소유가구 비율이 가장 높은 5분위 104개 동네에서 한나라당은 44%의 지지를 얻었고, 민주(+열린우리)당은 40%의 지지를 각각 얻었다. 반면 무주택자가 가장 많은 1분위 104개 동네에서 한나라당은 33%를, 민주(+열린우리)당은 49% 지지를 얻었다. 집 가진 사람이 많은 동네일수록 한나라당을, 무주택자가 많은 동네일수록 민주(+열린우리)당을 많이 찍는 현상은 2~4분위 동네에서도 그대로 확인되었다.

…

또한 아파트에 사는 사람이 많을수록 한나라당을 많이 찍고, 단독주택에 사는 사람이 많을수록 민주(+열린우리)당을 많이 찍었다. 서울에서 아파트 거주 가구 비율이 평균 이상인 204개 동네의 한나라당 지지율은 40%인 데 비해, 평균 미만 314개 동네는 34%였다. 반면 민주(+열린우리)당 지지율은 각각 43% 대 48%였다.

국민들이 자기 집을 보유하면서 안정적인 주거를 이어가는 것은 누가 뭐래도 좋은 일이다. 그러나 정치적 이해득실 속에서 이런 목표가 왜곡되어 실현되면, 오히려 주거생활의 안정성이 극도로 침해되는 결과로 이어질 수도 있다.

물론 한국이 미국의 서브프라임 모기지 사태와 같은 상황을 맞게 될 것이라는 전망은 현 시점에서는 다소 비약적이라 할 수 있다. 그러나 시장에 대한 무지와 정치적 욕심이 결합된 형태의 무리한 캠페인이 벌어진다면, 우리가 예상할 수 없는 새로운 부작용에 시달릴 위험도 결코 무시할 수 없다.

　자기 집에서 편안하게 살고 싶다는 욕망은 개인들에게 매우 소중한 목표이다. 하지만 바로 그 점 때문에 정치적으로 오남용되기 쉬운 일이기도 하다. 만약 자가보유율을 높이기 위해 가계소득의 증가와 주택공급의 확대라는 상식적인 과정을 뛰어넘어, 즉효를 발휘하는 대출 확대 전략이 이어진다면 어떻게 될까? 미국의 경우처럼 결국 국민들이 가지고 있던 자기 집마저 빼앗기는 심각한 부작용이 나타날 수도 있을 것이다. 우리가 되새겨보아야 할 지점이라고 생각한다.

 **한국의 도시 재정비 방식**

재개발과 재건축 등 도시환경을 재정비하는 관련 정책들의 용어는 비슷비슷하다 보니 자주 헷갈린다. 잠시 주요 정책의 정확한 의미를 짚어보기로 하자.

재개발

재개발 사업은 도로나 공원, 유통시설, 학교, 공공청사 등 기반시설이 나쁘고, 오래된 불량 건축물이 집중되어 있는 지역의 주거환경을 개선하기 위한 사업이다. 일반적으로 면적이 1만㎡ 이상인 지역을 대상으로 한다. 주택의 밀집도, 노후 정도, 그리고 해당 지역 중 너무 작은 필지의 비율, 4m 이상 도로에 접한 주택의 비율 등을 평가해서 지정한다. 시장이 5년마다 정하게 되어 있다.

재건축

도로·공원, 기타 기반시설이 꽤 괜찮지만, 오래된 아파트 및 단독주택이 많은 지역의 주거환경을 개선하기 위한 사업이다. 노후한 아파트 단지를 부수고 새로 짓는 사업이다. 입지가 좋은 경우 노후 아파트를 재건축하면 커다란 시세차익을 남길 수 있다. 그래서 입지가 양호한 재건축 대상 아파트는 투자열기가 매우 뜨거운 편이다.

주거환경 개선사업

주거환경 개선사업은 매우 낙후된 지역에서 실시한다. 달동네처럼 노후되고 불량한 주택이 심하게 밀집된 지역으로 주로 저소득 주민들이 집단으로 거주하는 곳을 대상으로 한다. 이런 지역의 주거환경을 개선하는 사업은 반드시 필요하다. 그래서 지방자치단체장이나 주택공사 등이 주민의 동의를 얻어서 사업을 시행했다. 그런데 2003년 도시 및 주거환경 정비법이 만들어진 후 도시 재정비 사업은 조합 중심 사업이 주를 이루게 되었다. 이에 따라 주거환경 개선사업은 현재 거의 사라졌다.

도시환경정비사업

도시환경정비사업은 주택을 대상으로 한 재개발, 재건축 사업과 달리, 상업지역·공업지역 등을 대상으로 한다. 토지를 효율적으로 이용하고 도심, 또는 부도심 등의 기능을 회복할 수 있도록 도시환경을 개선하는 사업이다. 도시 중심의 기반시설을 정비하고, 상권을 활성화하기 위해 업무 및 상업 기능을 증가시킨다. 도시환경정비사업은 구도심 지역에 활기를 준다는 평가를 받는다. 서울의 4대문 안인 소공동, 무교동, 을지로 1·2가, 남대문, 명동, 청계천 등에서 다양한 도시환경정비사업이 시행되었으며, 전국 주요 도시에서도 실시되고 있다.

6장

전세가는 왜 이렇게 올랐나?

1970~80년대는 부동산 광풍이 불었던 시기였다.
그 무렵 재테크의 제1원칙은 당연히 부동산이었고,
부동산을 얼마나 잘 확보하느냐에 따라 부자와 빈자가 갈렸다.
은행 대출 대신 전세를 통해서 돈을 마련했고,
이 돈으로 다시 집을 사는 과정을 반복한 것이다.

section 1

한국에만 있는
독특한 전세제도

전셋값, 353주 연속 상승

최근 몇 년간 부동산 뉴스에서 전셋값 상승 뉴스는 거의 빠지지 않는 꼭지였다. 실제로 서울 지역의 전세가격은 2009년 2월 둘째 주부터 2016년 2월까지 353주 연속 상승했다. 무려 7년간 단 한 주도 빠짐없이 계속 오르기만 했던 것이다. 이미 일부 지역의 전셋값은 매매가격의 90% 수준까지 올라오기도 했고, 전반적인 전세가격의 상승세는 꾸준한 추세였다.

앞으로 전셋값이 어떻게 될지 예상하려면, 먼저 전세가 왜 올랐는지 알아야 한다. 오를 이유가 없어지면 더 이상 오르지 않을 테니 말이다. 그런데 이 의문을 풀기 위해서는 전세라는 제도 그 자체에 대해서 이해해야 한다. 우리가 가장 흔하게 맺는 계약이지만, 전세는 과연 어떤 특징을 가지고 있을까? 사실 진짜 질문은 이것이다. 전세가격의 변동에는 전세제도 자체가 갖는 매우 독특한 특징이 있기 때문이다.

질문을 정리해보자.

1. 전세가격은 앞으로 어떻게 될 것인가?
2. 전세는 최근 몇 년 사이에 왜 이렇게 오르기만 했는가?
3. 전세라는 계약은 무엇이 특별한가? 한국에서 전세제도는 어떻게 살아남을 수 있었을까?

궁금한 순서대로 질문을 배열하면 이렇게 나눌 수 있을 것이다. 그렇지만 답변을 찾아가기 위해서는 질문의 순서를 거꾸로 거슬러 올라가야 한다. 그래야 정작 우리가 진짜 궁금해 하는 질문인 "전세가격은 앞으로 어떻게 될 것인가?"에 답할 수 있을 것이다.

한국에만 있는 희귀한 제도

전세라는 제도는 세계적으로 매우 희귀하다. 우리에게는 전세라는 제도가 매우 익숙하지만, 전 세계에서 이런 제도가 있는 나라는 거의 없다. 볼리비아에는 우리의 전세와 거의 유사한 '안티끄레티꼬(anticrético)'라는 계약이 있지만, 이 제도는 볼리비아 전체 주택 거래의 5% 정도만을 차지할 뿐이다. 그러므로 전세제도는 거의 유일하다시피 대한민국에만 있는 제도이다.

전세제도는 임차인이 부동산을 빌리면서 집주인에게 전세보증금을 주고, 주민등록증을 이전하며 확정일자를 받으면 등기부등본에 기재되어 공시가 된다. 집주인은 집을 쓰라고 내주면서 전세기간 동안 보증금을 무이자로 빌려 쓰고, 기간이 만료하면 보증금을 돌려준다.

우리 민법은 이런 법률관계에 대해서 전세권 조항을 두어 상세하게 규정하고 있다. 전세권을 민법에 물권(사물에 대한 권리)으로 다루는 나라는 우리가 유일하며, 전세제도는 이처럼 세계적으로도 유례가 없기 때문에, 한국에 와서 살고 있는 외국인들도 이런 전세제도를 매우 신기해한다.

여기에서 첫 번째 질문이 나온다. 전세제도는 왜 다른 나라에는 없고, 한국에만 있을까? 이 질문은 한국의 전세제도를 이해하는 매우 핵심적인 질문이다. 부동산 임대차를 둘러싼 한국의 사회·경제적인 상황이 매우 특별하다는 것을 의미하기 때문이다.

집주인에게 불리한데, 왜?

먼저 왜 다른 나라에는 전세권이 없는지 생각해보자. 우리는 전세계약을 당연하게 받아들이지만, 전세는 사실 집주인에게 일방적으로 불리한 계약이다. 아니, 세입자들이 집주인들의 온갖 갑질에 얼마나 시달리는데, 집주인들이 일방적으로 불리하다니 그게 무슨 말이냐고? 화를 내기에 앞서 숫자로 한번 따져보자.

만일 집주인이 1억원 아파트를 7천만원에 전세를 주었다면, 집주인 입장에서는 자기 집을 세입자에게 쓰도록 내어주는 대가로 전세보증금을 무이자로 빌리는 셈이다. 이 돈을 은행에 예금하면, 연이자율이 2%일 경우 연간 140만원의 이자수익을 올릴 수 있다(재산세나 중개수수료 등의 부대비용은 계산상의 편의를 위해서 없는 셈 치자.)

반면 만약 집을 매도하여 1억원을 은행에 예금한다면 연 200만원의 이자가 생기게 된다.

만약 월세로 돌리면 어떻게 될까? 보통 월세 수익률은 은행의 예금금리보다 2~3% 정도 높은 수준에서 결정된다. 월세를 주는 데 따른 여러 비용과 위험을 고려한 것이다. 예금금리가 2%라면 월세 수익률을 약 4% 정도로 계산하면, 집주인은 월세로 연간 400만원의 수익을 올릴 수 있다. 여기서 관리비로 약 50만원을 지출한다고 치면, 결국 최종적으로는 약 350만원의 수입이 생기게 되는 것이다.

은행 금리가 2%라고 전제하고 각각의 경우를 간단히 정리해보자.

전세: 전세금 7천만원의 이자 수익 140만원

매각: 집값 1억원의 이자 수익 200만원

월세: 임대 수익 400만원에 각종 비용 50만원을 제한 350만원

집주인 입장에서 전세는 이처럼 구조적으로 수익률이 낮을 수밖에 없다. 이런저런 비용을 제외하더라도, 집주인 입장에서는 집값과 전셋값의 차액만큼 이자 수익을 손해볼 수밖에 없기 때문이다. 결국 전세는 집주인에게 손해라는 점이 분명하다.

그래서인지 전셋값이 오히려 집값보다 비싼 경우도 있다. 이를테면 1억짜리 집의 전셋값이 1억 2천만원인 경우이다. 실제로 지방 중소도시에서는 전셋값이 집값보다 비싼 경우도 가끔 있다. 익숙한 방식은 아니지만, 이런 계약도 충분히 양쪽 당사자들에게 모두 이익이 될 수 있다. 집주인은 전셋값을 많이 받을 수 있으니 당연히 이익이고, 세입자 입장에서도 집값 하락의 위험을 피할 수 있고, 단기간만 임대한다면 매매 시 필요한 온갖 비용을 줄일 수 있기 때문이다. 그러나 이 경우 보

증금을 못 받을 위험이 있다.

아무튼 전세는 대부분의 경우 구조적으로 수익률이 낮을 수밖에 없고, 집주인에게 불리하다. 그런데 왜 한국에서는 전세가 이처럼 일반화되었을까? 한국의 집주인들이 바보라서 이런 불리한 전세 계약을 하는 것일까?

물론 그렇지 않다. 집주인들도 전세 계약을 맺는 분명한 경제적 이유가 있다. 집주인들이 '개념적으로' 손해를 보는 것이 분명함에도 불구하고, 전세 계약이 계속 이루어질 수 있었던 이유는 다음과 같은 조건들이 있었기 때문이다.

집값 상승에 대한 확신

먼저 집주인들이 주택가격이 꾸준히 오른다는 확신을 가지고 있어야 한다. 집값이 오른다는 기대가 있다면, 돈이 있는 사람들은 집을 최대한 많이 확보하고자 할 것이다. 그리고 그렇게 확보한 집을 전세로 돌림으로써 사용가치를 포기하는 대신 집값 상승분을 취하려 한다. 만약 집값이 오른다는 기대가 없다면 월세를 꼬박꼬박 받는 것이 훨씬 더 유리하다.

한국은 여전히 부동산 불패의 신화가 남아 있는 나라이다. 역대 통계를 봐도, 부동산 가격이 하락한 해는 주택 200만 호 공급의 여파로 주택가격의 안정기가 시작되던 1993년, 그리고 외환위기로 나라가 망한다는 절망감에 빠졌던 1998년의 두 해뿐이었다.

1970~80년대는 그야말로 내내 부동산 광풍이 불었던 시기였다. 오일쇼크로 인플레이션이 극심했던 1970년대 말에는 연간 전국 지가상

승률이 50%에 달했고, 3저호황이 한창이던 1980년대 후반에도 상승률이 30%에 가까웠다. 서울의 주택가격 상승률은 이보다 훨씬 높았다.

그 무렵 재테크의 제1원칙은 당연히 부동산이었고, 부동산을 얼마나 잘 확보하느냐에 따라 부자와 빈자가 갈렸다. 그러니 돈이 있는 사람은 얼른 집 한 채를 마련하고, 이 집에서 나온 전세금으로 다음 집을 사는 식으로 자산을 불렸다. 당시 은행은 개인에게 문턱이 매우 높았고 대출 금리도 매우 비쌌다. 그러므로 은행 대출 대신 전세를 통해서 돈을 마련했고, 이 돈으로 다시 집을 사는 과정을 반복한 것이다. 그래서 "처음 집 한 채를 장만하는 것이 어렵지, 그 다음부터는 훨씬 쉽다"라는 말이 나오게 된다(요즘은 이것을 '갭 투자'라고 한다).

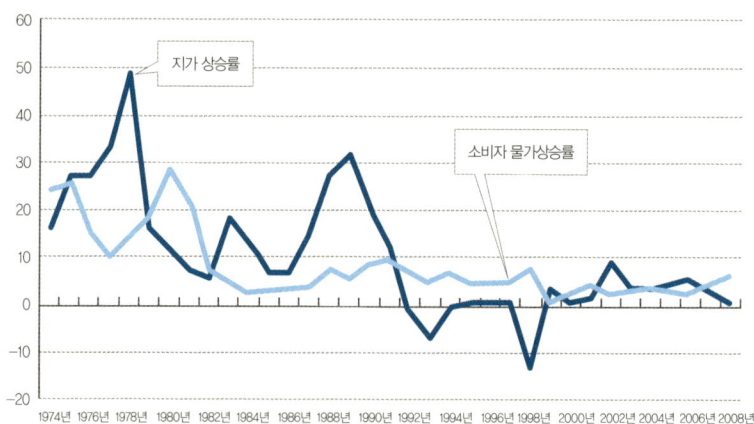

1970년대 이후 지가 및 소비자물가 추이
단위: %(전년 대비) | 출처: 지가(토지공사), 소비자물가(통계청)

빈약한 금융 시스템

전세제도가 발전한 또 다른 이유는 과거에 우리나라가 부동산과 관련된 금융 시스템이 발달되지 않았기 때문이다.

집주인이 기회비용의 손실을 감수하면서 자기 집을 전세로 내놓는 거의 유일한 이유는 돈이 필요해서이다. 은행이 돈을 잘 빌려준다면 굳이 수익률 손해를 감수하면서 전세를 줄 필요가 없다. 그래서 전세는 은행이 소비자 금융에 신경을 별로 쓰지 않고, 대출자원을 기업에만 몰아주는 시기, 즉 개인이 집을 담보로 제공해도 은행이 돈을 잘 빌려주지 않는 시스템에서만 존재할 수 있다.

과거 한국의 금융기관들은 가계대출에 매우 인색했다. 수출 중심의 경제개발을 위해 국가의 모든 자원은 기업투자에 집중되었으며, 은행 대출 중에서 가계대출의 비중은 10% 미만이었다. 1960년대 경제개발 계획 이후 가계의 저축률은 20%가 넘었다.

가계는 죽어라 저축을 하고, 기업은 이 돈을 빌려서 산업에 투자하는 시스템이었다. 은행 입장에서도 가계대출보다는 기업대출이 규모도 훨씬 크고 관리도 쉬운 측면이 있었다. 수십만, 수백만 명의 개인고객을 대상으로 한 가계대출보다 큰 것 한방으로 대형 기업대출을 취급하는 것이 훨씬 유리했던 것이다.

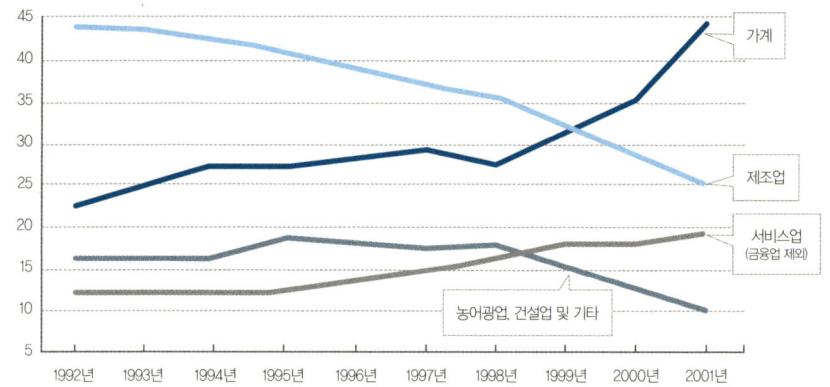

기업대출에서 가계대출로

그런데 외환위기 이후 은행의 이런 경향이 바뀌게 되었다. 은행이 대규모 기업부도 사태로 인해 막대한 손실을 입자, 가계대출보다 오히려 기업대출이 훨씬 위험하다는 인식이 생겨나기 시작했다. 기업들도 정부가 재무구조를 건전화하라는 압박을 가하자, 은행 대출을 최대한 줄이면서 부채비율을 낮추는 데 주력하기 시작했다. 이에 은행은 새로운 대출처를 찾아야만 했고, 그것이 바로 가계대출이었다.

1990년대 초중반까지는 은행의 총대출 중에서 가계대출의 비중이 7~8% 선에 머물렀다. 하지만 가계대출 비중은 외환위기 이후로 급격하게 증가하기 시작하여 이제는 30% 이상으로 늘어났다. 비중으로만 따져도 4배 이상 늘어난 것이다.

이는 한국만이 아니라 전 세계적인 흐름이기도 하다. 과거 은행의 역할은 가계의 여유자금을 예금 형식으로 받아서 투자가 필요한 기업에 대출하는 것이었다. 하지만 실제로 최근 선진국의 총대출 대비 가계대출, 특히 부동산 담보대출의 비중은 70%가 넘는다. 은행의 역할이 기업의 여유자금을 받아서 가계의 부동산 구입에 조력하는 것으로 바뀌고 있는 것이다.

미국 샌프란시스코 연방준비은행이 선진국 17개 은행의 재무제표를 조사한 결과에 따르면, 20세기 초반 30%대에 머물렀던 부동산 담보대출의 비중이 최근 60% 수준까지 늘어났다.

한국의 부동산 담보대출 비중도 많이 늘었지만, 여전히 선진국에 비해 절반 수준이다. 이것은 한국 국민들이 부동산 담보대출이 덜 필요하기 때문이 아니다. 한국은 독특한 전세제도를 통해 절반 이상의 돈을 융통하기 때문이다.

고금리의 지속

전세제도가 유지되기 위한 또 다른 조건은 '고금리'이다.

전세는 집주인 입장에서는 무이자로 돈을 빌리는 계약이므로 시중 금리가 비쌀수록 이익이 커진다. 1억원 주택을 7천만원에 전세를 놓았을 경우, 시중의 대출금리가 10%라면 집주인에게는 700만원의 이자수익이 생기는 셈이다. 그런데 대출금리가 3%대까지 떨어지면 이자 수익이 210만원밖에 되지 않는다. 금리가 이처럼 낮아지면 집주인들은 전셋값을 올리거나 월세로 돌리게 된다.

한국의 장기금리 추세를 보면 고물가·고성장이 이어지던 1970~80년대에는 금리 수준이 20%를 넘었고, 1990년대 말까지도 10%대 이상이었다. 최근 금리가 2% 미만까지 떨어진 것을 고려해보면, 전세 수익률이 얼마나 극적으로 떨어졌는지를 쉽게 알 수 있다.

정리해보자. 전세라는 제도는 집값이 꾸준히 오른다는 기대가 유지되고, 금융기관들이 가계대출을 잘 안 해주고 금리가 높을 때 매력이 있다. 그런데 이제 이처럼 전세라는 매우 독특한 제도가 유지될 수 있었던 한국 사회의 환경이 바뀌고 있다. 다음에서는 전세를 둘러싼 환경이 어떻게 바뀌고 있는지 살펴보자.

section 2

전세가는 왜
계속 올랐을까?

2016년만 해도 전세가가 올랐다는 것은 뉴스 축에도 들지 못했다. 지난 시기 전셋값이 무려 7년 동안 단 한 달도 쉬지 않고 올랐기 때문이다. 전세가는 왜 그렇게 지속적으로 올랐던 것일까?

전세의 수요 측면

여러분이 집을 구한다면 전세와 월세 중에서 무엇을 택하겠는가? 대부분 전세라고 답할 것이다. 전세가 월세에 비해 훨씬 싸기 때문이다. 전세가 그처럼 계속해서 올랐지만, 여전히 월세보다는 더 싸게 먹히는 것이 현실이다.

다음의 그래프는 서울시의 점유형태별 주거비를 비교한 것이다. 소형·중형·대형 모두 전세의 주거비용이 훨씬 싸게 먹힌다. 실제 소요 비용은 전세가가 월세가의 거의 절반 수준이다. 월세가는 전세가의 금

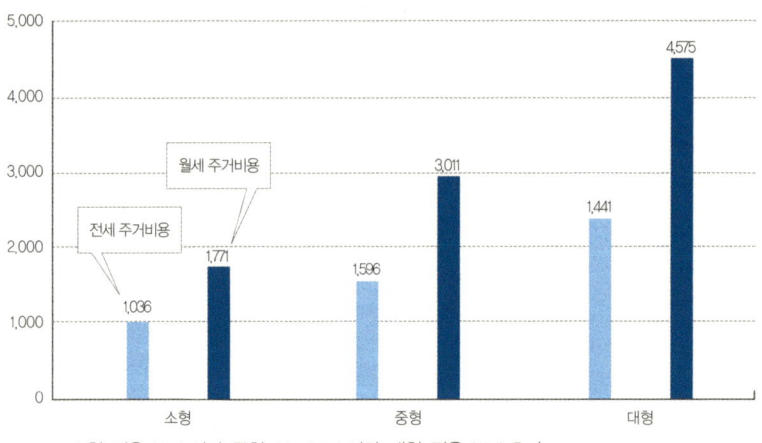

융비용보다 2~3%는 비싼 수준에서 형성된다. 그러므로 수요 측면에서 보면, 전세가격이 월세가격만큼 비싸질 때까지는 전세 수요가 계속 생겨날 수 있다.

전세의 공급 측면

과거처럼 집값이 무조건 오른다는 확신이 있다면야, 월세 몇 푼 받는 것보다 화끈하게 전세로 자금을 당겨서 집 한 채를 더 사는 것이 유리할 것이다. 하지만 집값이 계속 오를 것이라는 확신이 없으면, 내 손에 확실하게 현찰이 쥐어지는 월세가 유리할 수밖에 없다. 이런 시기에는 부동산으로 인한 처분수익보다는 운용수익이 더 중요해지기 때문이다. 실제로 전세의 비중은 점점 낮아지고 그만큼 월세 비중이 높아지고 있다.

국토교통부의 자료에 따르면, 2011년 1월 31.9%였던 월세의 거래량

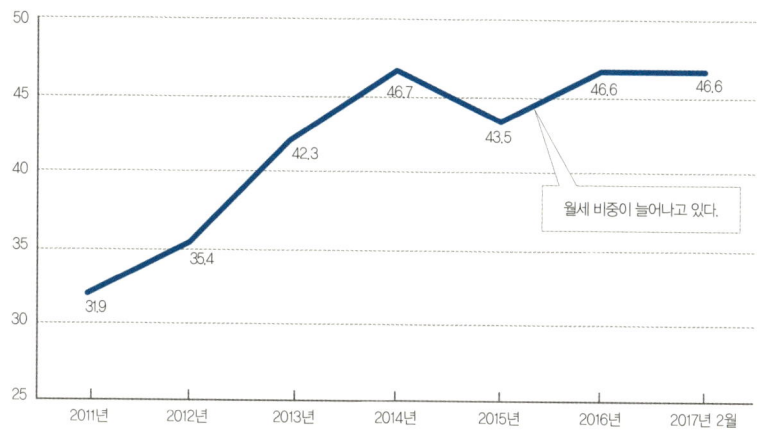

연도별 월세 거래량 비중 단위: % | 출처: 국토교통부

비중은 매년 꾸준히 늘어나서 2017년 1월에는 46.6%까지 증가했다.
 정리하면 전세 수요는 여전히 큰 데 비해 전세 공급이 줄어드니, 자연히 전세가격이 계속 올랐던 것이다. 그렇다면 이제 진짜 궁금한 질문을 던져보겠다. 전세가는 앞으로도 계속 오를까?

section 3

전세가는 앞으로도 계속 오를까?

앞으로의 전세가격을 예상하기 위해서 아주 간단한 모델을 하나 만들어보자. A씨는 앞으로 살 집을 구하고 있다. 그런 A씨의 입장에서는 선택할 수 있는 방법이 3가지 있다. 자가로 집을 구매할 수도 있고, 전세로 들어갈 수도 있고, 월세를 선택하여 살 수도 있다. A씨는 이 중에서 가장 유리한 쪽을 선택하게 될 것이다.

전월세 전환율로 전세가 예측하기

A씨가 보고 있는 것은 1억짜리 집이다. 그럼 이 집의 전세가는 얼마쯤일까? KB국민은행의 조사 결과에 따르면, 2016년 6월 전국 아파트의 매매가 대비 전세가율은 75.4%였다. 그렇다면 A씨가 보는 집의 전세가는 7,500만원 정도가 될 것이다. 그러면 월세는 얼마나 될까? 이것은 전월세 전환율이라는 지표로 추산할 수 있다.

전월세 전환율은 전세가격에 비해 월세가격이 얼마나 되는지를 보여준다. 수식으로 표현하면 다음과 같다.

전월세 전환율(%) = 월세 × 12개월/(전세보증금−월세보증금) × 100

2016년 6월 현재 전월세 전환율은 전국 아파트 기준으로 4.9% 수준이다. 전세가격이 7,500만원이고 전월세 전환율이 4.9%이므로, 월세로 따지면 연 367.5만원(7,500만원 × 0.049), 즉 월 30만원 정도이다.

매매가격에 변동이 없을 것이라고 가정하면, 앞으로 전셋값이 어떻게 변할 것인지를 예상하기 위해서는 현재의 대출금리를 알면 된다. 2016년 6월 기준으로 은행의 전세자금 대출금리는 평균 약 3.5%이다. 만약 7,500만원의 전세금을 전액 대출한다면 연간 대출이자는 262만원이다.

그렇다면 A씨가 전세와 월세 중에서 무엇을 선택할지는 너무 뻔하다. 소요되는 비용이 월세일 경우 연간 360만원이고, 전세일 경우 연간 260만원이라면 당연히 전세를 선택할 것이다. 앞으로 전세가가 오른다 하더라도 월세보다 싸게 든다면, A씨는 계속 전세를 찾을 것이다. 이 경우 전세가격은 현행 전세자금 대출금리와 전월세 전환율이 똑같아질 때까지 오를 수 있다.

전월세 전환율이 대출금리보다 높다면, 대출금리가 오르거나 전월세 전환율이 낮아져야 한다. 대출금리는 집주인이나 세입자가 어떻게 할 수 있는 부분이 아니니, 일단 그대로 유지된다고 생각하자. 그렇다면 남은 것은 전월세 전환율이 대출금리 수준까지 낮아져야만 한다는 결론이 나온다. 전월세 전환율이 낮아지려면 분자인 월세가 내릴 수도 있고, 분모인 전세가 오를 수도 있을 것이다. 물론 전세가격이 올라서 전월세 전환율을 낮추게 될 가능성이 훨씬 크다. 현재 우리의 월세가격은 다른 나라에 비해 그리 높은 수준이 아니기 때문이다.

금리 흐름으로 전세가 예측하기

다음의 그래프는 은행의 예금금리와 월세 거래 비중의 관계를 보여준다. 예금금리가 떨어질수록 월세 거래의 비중은 급격히 늘어났고, 월세가 늘어나는 만큼 전세가 줄어들었다. 반면 예금금리가 높았을 때는 월세 거래의 비중 또한 낮았다.

앞으로 전세가는 어떻게 될까? 물론 현실에서는 좀 더 고려할 사항이 많지만 이론상으로는 저금리 기조가 계속되면 전세가는 계속 오르면서 전세 물량은 점점 줄어들 것이다. 지난 7년간 전세가격이 계속 올

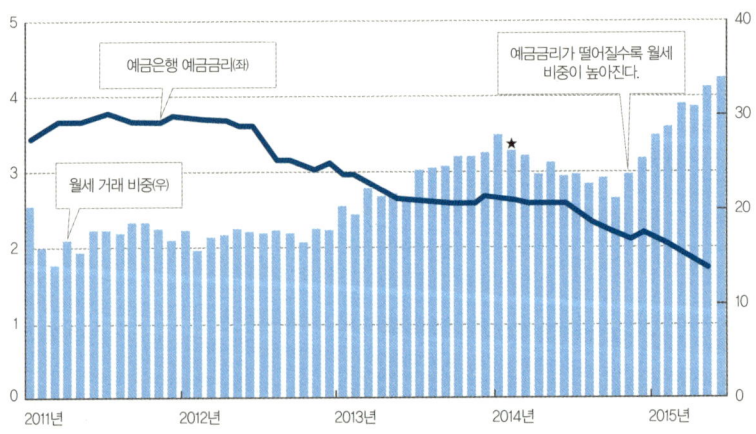

서울 아파트의 월세 비중과 예금금리 비교   단위: % | 출처: 서울시 부동산정보광장, 한국은행

※ 2014년 2월 임대차 시장 선진화 방안 발표.

랐다는 것에는 이런 경제적인 변화의 힘이 숨어 있다. 이런 경우 어떤 정책의 힘만으로 전세가격을 낮추기에는 한계가 뚜렷하다는 것도 우리가 인정해야 할 사실이다.

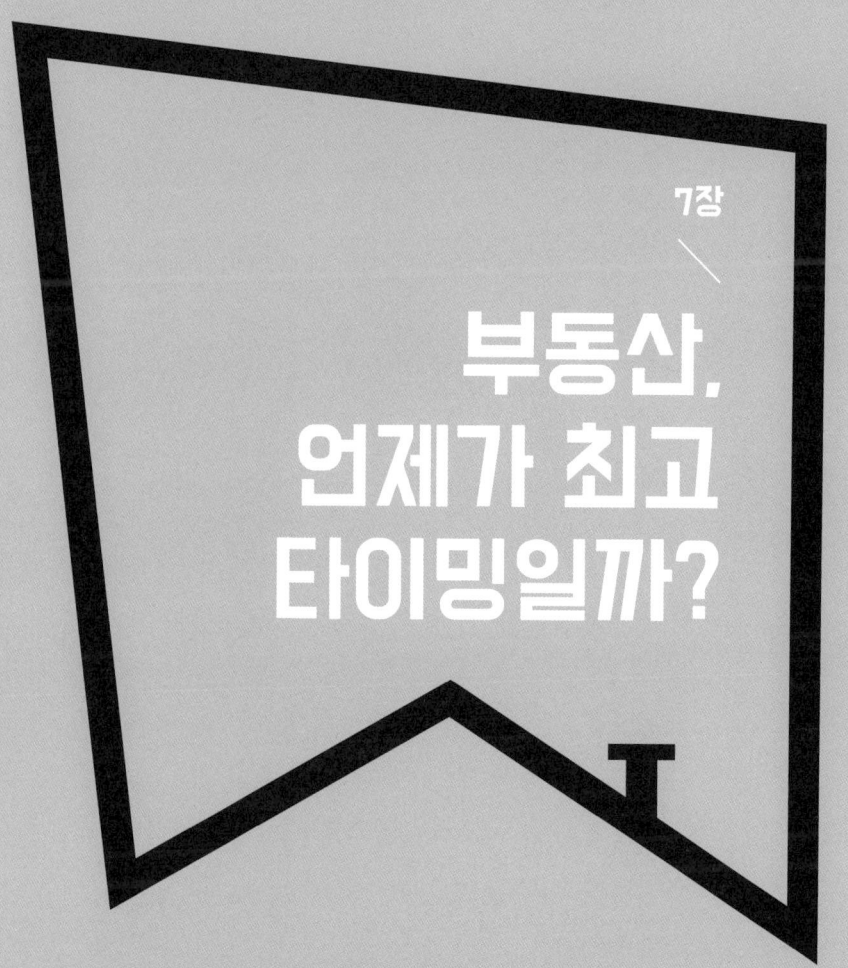

7장

부동산, 언제가 최고 타이밍일까?

정부의 정책 지원에 힘입어 뉴스테이를 비롯해
기업의 주택임대차 시장 진출은 앞으로도 계속될 것으로 예상된다.
이에 따라 임대 시장에 매우 중요한 변화가 시작될 것이다.

section 1

집주인은 왜
깐깐한 노인들이 많을까?
- 한국 임대차 시장의 특수성

월셋집 주인들의 스테레오타입

월셋집 주인이라는 말을 들으면 머릿속에 어떤 이미지가 가장 먼저 떠오르는가? 우리에게는 TV 드라마나 뉴스에서 자주 나오는 집주인의 이미지가 있다. 보통 나이가 지긋한 할아버지나 할머니이고, 대개 성격이 아주 깐깐하고 잔소리가 많으며, 월세가 밀리면 잔소리를 엄청 퍼붓는다는 식이다. '집주인 갑질' 같은 키워드로 검색해보면 비슷한 사례가 쏟아져 나온다. 물론 현실에는 이런 상투적인 묘사와는 다른 사람들도 매우 많다.(실제로 필자도 대학 입학 이후 오랫동안 월세를 살았지만, 좋은 분들이 훨씬 많았다. 여기서는 드라마 등에서 자주 나오는 집주인의 전형적인 스테레오타입을 상정한 것이다.)

그런데 이 전형적인 월셋집 주인의 스테레오타입은 바로 한국 임대차 시장의 단면과 특수성을 극적으로 드러내주는 상징이기도 하다. 하나씩 뜯어서 분석해보겠다.

첫째, 임대인이 주로 노인이라는 점이다. 내가 본 드라마에서 집주인으로 청년이 나오는 예는 거의 없었다. 우리는 이를 아주 당연하게 받아들이지만, 이는 한국 주택 임대차 시장의 주요 특징 중 하나다.

청년들이야 아직 자산을 모으기 힘든 나이니 집주인이 되기 힘든 것은 당연할 수 있다. 그러나 임대인이 반드시 개인일 필요는 없다. 임대 전문 기업일 수도 있고, 국가가 직접 운영하는 공공주택일 수도 있다. 그러나 이런 경우는 우리에게 매우 낯설게 다가온다. 바로 이것이야말로 한국 주택 시장의 본질을 드러내는 단서가 될 수 있다.

둘째, 집주인의 잔소리가 심하고 월세 밀리는 것에 알레르기 반응이 있다는 점이다.

"조물주 위에 건물주"라는 말까지 있고, 초등학생들까지 장래희망으로 집주인을 꼽고 있는 세상에서, 왜 이들은 돈 문제로 사람을 그렇게 힘들고 피곤하게 할까? 세입자들에게 잔소리를 많이 하면 뒤에서 욕먹는다는 것을 모르지 않을 텐데 말이다. 온라인 공간에서 '집주인 갑질'이라는 키워드로 검색해보면 이런 경우는 밤하늘의 별처럼 무수히 쏟아져 나온다.

셋째, 집주인이 느닷없이 전셋값을 엄청나게 올려달라고 요구하거나, 뜨는 상가 거리에서 장사를 잘하던 자영업자가 엄청나게 오른 월세 때문에 쫓겨나는 일이 많다는 점이다.

언론에는 주로 유명 연예인들이 건물을 사서 기존 임차인과 갈등을 빚는 사례들이 자주 나온다. 이런 소식을 접하면 건물주가 되면 탐욕스러워지는 것인가, 아니면 탐욕스러운 사람이라야 건물주가 될 수 있다는 말인가 하는 의문이 들기도 한다. 그런데 과연 이것이 개인의 탐욕에서만 비롯된 문제일까?

임대차 시장을 이해하기 위한 키워드로, 우리가 머릿속에 떠올리는 임대인의 스테레오타입을 생각거리로 던져보았다. 그런데 이 3가지 모습 속에는 한국 임대차 시장의 특수성이 모두 들어 있다.

개인의 비중이 압도적

한국의 자가점유율은 2014년 기준으로 전국 53.6%, 수도권 45.9%이다. 즉 전 국민의 절반은 자기 집이 아닌 남의 집에 세를 들어서 살고 있다. 전 국민의 반이 세입자이니 임대차 시장이 클 수밖에 없다.

그런데 국가나 지방자치단체 등 공공 부문에서 공급하는 임대차 물량은 13%에 불과하며, 나머지 87%의 주택을 민간이 공급하고 있다. 정부의 주택정책을 비판하는 사람들이 주로 지적하는 것도 이 부분이다. 한국은 공공 임대차 주택공급이 너무 적다.

영국이나 네덜란드처럼 오랫동안 주거 복지에 주력해온 나라들은 공임대주택의 비중이 70%대에 이르고, 유럽의 여러 선진국들도 대부분 40% 이상이다. 그런데 여기에서 주목할 점은 국가별로 공공임대주택 비율의 차이가 매우 크다는 점이다. 주거 선진국이라는 독일은 11%에 불과하고, 미국은 3%대이다. 그래서 이 문제를 단순히 공공임대주택 비율만 보고서 어느 나라의 정책은 훌륭하고 어느 나라는 나쁘다고 할 수는 없다는 점을 미리 밝혀둔다.

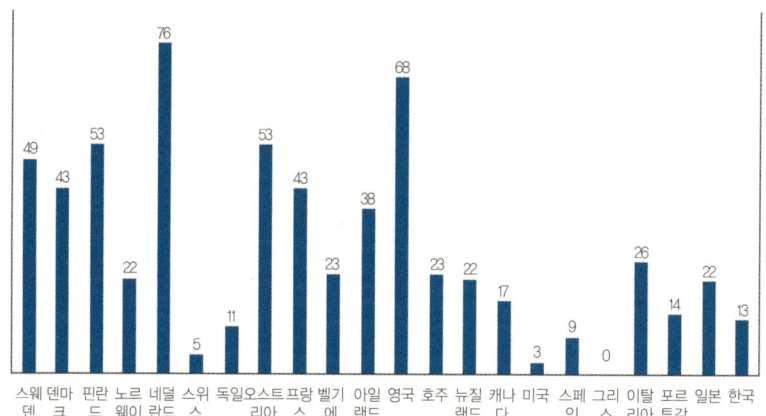

위에 말했듯이 한국의 임대차 시장에서 민간 임대비율은 87%인데, 여기에도 매우 특징적인 면이 있다. 기업의 비중이 극단적으로 낮다는 점이다. 민간기업의 임대 물량은 전체의 1%에 불과하고, 나머지 99%는 모두 개인이 공급하고 있다. 임대차 시장에서 개인의 비중이 이처럼 압도적으로 높은 나라는 세계적으로도 유례가 없을 정도이다.[22]

한국의 주택임대차 시장은 전체 GDP의 2%를 차지하는 매우 큰 시장이다. 이상영 명지대 부동산학과 교수에 따르면, 2014년 주택임대차 시장의 총 규모는 26조 3,445억원에 달한다.

그런데 이렇게 큰 시장에 왜 대기업은 물론이고, 중소기업도 거의 진출하지 않는 것일까? 대기업이 동네 빵집이나 떡볶이 가게까지 진출하는 나라가 아닌가? 이윤이 있는 곳이라면 어디든 참가하는 것이 기업의 속성인데 말이다. 그 이유는 다음과 같다.

왜 기업이 안 들어왔는가?

한국의 임대차 시장은 개인들에게 압도적으로 유리한 시장이다. 바로 세금 때문이다. 개인의 경우 월세 수익은 6~32%의 소득세가 부과되며, 전세는 전세금을 이자율(약 4% 내외)로 환산해 세금을 부과한다. 반면 기업에는 10~22%의 법인세가 부과된다.

그러나 개인들은 실제로 임대소득에 대해 거의 세금을 내지 않는다는 것이 중요하다. 한국에서 임대 소득가구는 총 750만 가구(전세 377만, 월세 385만)인데, 이 중에서 임대소득을 자진 신고한 사람은 주택임대사업 등록자 7만 7천여 명을 포함해 겨우 8만 3천여 명에 불과하다. 임대차 소득에 대한 신고의무가 없기 때문이다.

현행 임대소득세는 전세는 1가구 3주택, 보증금 총액 3억원 이상에 대해서만 간주임대료(임대보증금에 대한 시중금리를 감안한 일정 비율을 곱해 계산한 금액)를 적용해 과세하고, 월세는 다주택자, 또는 1주택자지만 주택 공시가격이 9억원을 초과(전세 동일)하는 경우 과세하고 있다. 그런데 이마저도 의무가 아니라 자진신고가 원칙이다. 그래서 대부분의 임대인들은 신고하지 않고 이를 숨겨버린다. 주택임대차 시장에서 발생하는 연간 44조원의 소득에 대해서는 거의 세금이 없는 상태로 방치되고 있는 것이다.

반면 기업의 경우 이런 식의 얼렁뚱땅이 통하지 않는다. 실제로 상가나 오피스텔의 임대차 사업 법인들은 대부분 임대 소득에 대해 세금을 납부하고 있다. 이렇게 세금 문제에서 개인과 법인의 차이가 확 벌어지기 때문에, 한국 민간 임대차 시장은 개인들이 대부분을 차지하게 되어버렸다.

의외로 낮은 이익률

부동산 임대업은 생각보다 이윤이 높지 않다. 2015년 9월 기준으로 한국 아파트의 평균 임대수익률은 4%이다. 그렇지만 실제 수익률은 이보다 훨씬 낮다. 게다가 기업들이 감당하기 어려운 각종 리스크를 부담해야 하기 때문에 임대 시장 참여가 저조한 것이다.

흔히 자조적으로 "조물주 위에 건물주가 있다"라고들 한다. 집주인은 딱히 하는 일도 없이 매달 월세만 따박따박 받아가는 것 같다. 이처럼 부러움을 사는데, 왜 대부분 노인이고, 늘 '성격이 깐깐하고 온갖 간섭을 하는 인물'로 그려질까? 그런데 통계를 보면 이런 현상이 왜 일어나는지 알게 된다. 앞에서 말했듯, 아파트의 평균 임대수익률은 연간 4% 수준이다. 물론 현재 예금금리가 1.5~2%대이니 지금 상황에서는 높다고도 볼 수 있을 것이다. 정말 그럴까?

지역별 아파트의 평균 임대수익률 단위: 단지, 가구, 연 % | 기준: 2015년 9월 | 출처: KB국민은행

구 분	단지수	가구수	임대수익률	매매가격 3억원 이하
전 국	11,266	4,994,635	4.04	4.45
서 울	2,851	1,129,950	3.41	3.85
경 기	3,965	1,903,390	4.07	4.42
인 천	1,016	454,525	3.98	4.15
수도권	7,832	3,487,865	3.85	4.28
지 방	3,433	1,506,770	4.50	4.67

※ 임대수익률(연 %) = (월 임대료 × 12) ÷ (매매가 – 월세보증금)
※ 임대수익률은 각종 세금, 거래 및 보유에 따른 부대비용 등을 고려하지 않은 단순한 기대 수익률임.

앞의 표에서 임대수익률은 그야말로 단순한 수익률이다. 기업으로 따지면 매출액이나 마찬가지로, 원가를 전혀 반영하지 않은 수익률이다. 그렇다면 임대수익의 원가를 생각해보자.

첫째, 자금의 기회비용이다. 은행에 1억원을 맡겨두어도 적어도 1.5%의 수익은 올릴 수 있다. 이 수익을 포기하고 아파트에 투자한 것이기 때문에 이 비용은 당연히 공제해두고 생각해야 한다.

둘째, 건물의 감가상각분이다. 물론 토지는 감가상각이 되지 않지만, 건물에는 분명히 수명이 있게 마련이다. 명목상의 수익률에서 감가상각분을 빼고 계산해야 한다. 1억원 아파트의 매해 감가상각률이 2%라면, 감가상각으로 연간 100만원씩 없어지는 셈이다.

셋째, 주택의 유지수선 비용이다. 우리 민법은 제623조 임대인의 의무 조항에서 "그 사용, 수익에 필요한 상태를 유지하게 할 의무를 부담한다"라고 규정하고 있다. 형광등, 문고리, 수도꼭지처럼 사용수익에 큰 불편이 없고 소액인 경우는 임차인이 부담한다. 하지만 보일러가 터졌다든가 벽이 갈라지고 천장에서 물이 새는 등의 하자가 발생하여 큰 비용이 들 경우 임대인이 책임지고 부담해야 한다.

집이 새 집이라면 큰 비용이 들지 않겠지만, 낡아질수록 무시하기 힘든 비용이 든다. 이런 비용을 일괄적으로 계산할 수는 없지만, 연간 임대료 중 약 0.5% 정도의 비용은 감안하는 것이 안전할 것이다.

넷째, 주택의 공실 위험이다. 공실률은 부동산 수익률에서 매우 중요한 문제이다. 1년 12개월 중에서 딱 2개월만 임차인을 구하지 못하면, 수익률은 연간 2/12만큼 떨어져버린다.

이제 한국도 주택보급률이 100%를 넘어섰다. 따라서 과거와 달리

빈집이 생겨나고 있으며, 임대에 실패한 주택이 생길 가능성이 높아졌다. 물론 아직 주택의 공실률은 오피스에 비해서는 현저하게 낮은 수준이지만, 임차인을 구하지 못해서 몇 달씩 집을 비워두어야 하는 경우를 더러 볼 수 있다.

이 경우 새 임차인을 구할 때까지 월세를 받지 못하고, 공인중개사에게 비용을 지불하고 임차인을 적극적으로 유치해야 한다. 중개수수료는 사실상 공실을 피하기 위한 비용이라고 할 수 있으며, 주택임대차 기간인 2년마다 집주인들이 꼬박꼬박 치러야 하는 비용이다.

다섯째, 주택의 보유에 따른 세금 문제이다.

앞에서 개인은 임대소득세를 거의 부담하지 않는다고 했지만, 보유세는 피할 수 없다. 한국의 주택보유세는 재산세와 종합부동산세로 나눌 수 있다. 주택보유세는 누진세이므로 주택의 가격이 비쌀수록 세금도 누진적으로 커지지만, 아직까지 소액부동산에 대한 보유세는 그리 크지 않다. 또 은행예금 같은 다른 자산도 세금이 붙기 때문에 세금까지 비용에 넣기는 힘든 면이 있다. 그래서 세금 부분은 잠시 언급만 하고 따로 계산하지는 않겠다.

아무튼 이처럼 주택 임대에 따른 비용을 따져보면, 또 하나의 비밀이 풀린다. 한국 집주인들이 왜 세입자에게 잔소리를 하며 깐깐하게 구는지에 대한 답이 여기에 있다. 임대인의 입장에서는 임대에 따른 비용 중에서 줄일 수 있는 것이 유지·수선 비용밖에 없기 때문이다. 이 비용을 줄이고 잘 관리해야 겨우 은행수익률과 균형을 맞출 수 있다. 그래서 임차인들이 집을 쓰는 데 사사건건 간섭하고 잔소리를 하는 경우가 자주 발생한다. 임대인들이 연장통을 둘러메고 직접 보일러를 고치거나 도배를 하는 경우도 흔히 볼 수 있다. 이런 일까지 사람을 불러서 시키면 오히려 수익을 까먹을 수도 있기 때문이다.

임대수익률이 왜 낮았는가?

현재의 주택 임대수익률은 그나마 시중은행의 예금금리보다 높은 수준이다. 그러나 이런 상황은 불과 몇 년 되지 않았다. 2013년 이전에는 오히려 예금금리가 서울 아파트의 임대수익률보다 높았다. 상식적으로는 이해하기 힘든 일이다. 은행에 예금하는 게 편하고 수익률도 높은데, 무엇하러 집을 사서 임대를 주고 피곤한 온갖 유지·수선까지 해주어야 하는가?

그 이유는 집주인들이 부동산 임대 수익보다 집값이 올라서 얻는 수익을 훨씬 중요하게 여겼기 때문이다. 주택의 수익률은 크게 자본수익률과 소득수익률로 나눌 수 있다. 여기서 자본수익률이란 집값이 올라

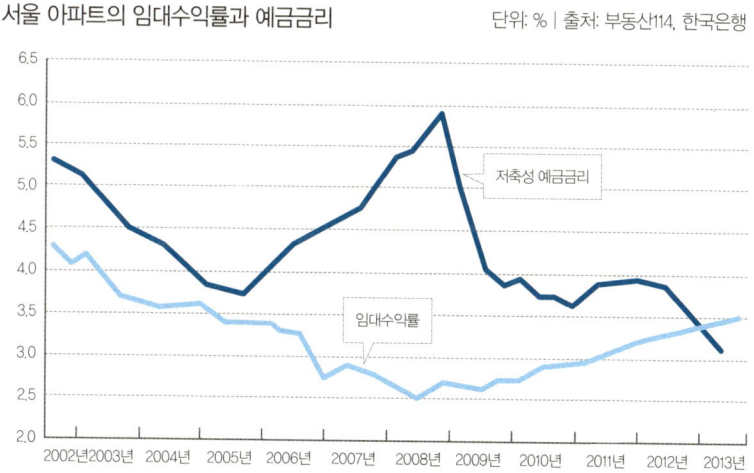

서울 아파트의 임대수익률과 예금금리   단위: % | 출처: 부동산114, 한국은행

서 얻는 수익이며, 소득수익률이란 전월세로 인해 얻는 수익이다.

투자수익률 = 자본수익률 + 소득수익률

국민은행에서 2011년 발표한 자료에 따르면, 지난 24년간 전체 주택 시장의 연평균 수익률은 약 8.3%이며, 이 중에서 자본수익률(집값 상승)은 3.8%, 소득수익률은 4.4%를 차지했다. 이렇게 장기간의 누적으로 보자면 임대 소득수익률의 비중이 더 크다. 그러나 언론의 관심이 집중되는 서울 강남의 아파트로만 대상을 좁혀서 보면, 자본수익률은 7.6%, 소득수익률은 5.0%로 임대소득보다 시세차익에 따른 수익이 더 크다. 그래서 부동산 시장 참가자들의 관심도 집값 상승에 몰리게 되고, 의외로 낮은 임대수익률을 감수했던 것이다.

지난 시기에 저금리 기조가 계속되자, 부동산 임대수익이 은행금리를 훌쩍 넘었다는 기사가 자주 등장했다. 예금 이자수익은 무위험 수익이기 때문에 낮을 수밖에 없다. 당연히 임대수익률이 예금금리보다 높

주택 시장의 투자수익률 분석   출처: KB금융지주 경영연구소

	주택	단독	연립	아파트	서울	강북	강남	광역시
누적 소득수익률	182.4%	139.1%	188.1%	200.0%	206.2%	176.5%	224.7%	255.7%
연평균 소득수익률	4.4%	3.7%	4.5%	4.7%	4.8%	4.3%	5.0%	5.4%
누적 자본수익률	145.0%	44.8%	119.9%	298.0%	394.6%	245.0%	481.1%	269.8%
연평균 자본수익률	3.8%	1.6%	3.3%	5.9%	6.9%	5.3%	7.6%	5.6%

아야 하며, 과거처럼 임대수익률이 예금금리보다 낮은 것은 오히려 비정상이었다.

그러나 공식적인 주택의 임대수익률이 4%라면, 집주인의 실제 수익률은 2%를 넘기 힘들다. 앞에서 소개한 이런저런 비용이 숨어 있기 때문이다. 이런 사실로부터 우리는 2가지 사실을 분명히 배울 수 있다.

첫째, 길거리에 널려 있는 부동산 관련 현수막 중에 얼마나 허황된 소리가 많은가 하는 점이다. 지금도 월세로 연 10% 이상의 수익률을 올릴 수 있다는 현수막을 흔히 볼 수 있다. 그런데 예금금리가 2% 내외인 세상에서 임대수익률이 10%대 이상인 부동산 물건이 있다면, 그것은 절대로 현수막에 써서 광고하지 않을 것이다. 금리 4% 정도로 대출을 받아서 그 부동산을 사면 가만히 앉아서 6%를 벌 수 있는데, 이런 훌륭한 투자기회를 자신이나 친인척, 친구들과 먼저 가져가지 왜 광고를 하겠는가? 그러니 이런 광고는 무조건 의심해야 한다.

둘째, 건물주가 조물주보다 더 부러울 것까지는 없다는 점이다.

물론 대부분의 건물주들은 일반인의 눈으로 보면 부러울 수밖에 없다. 건물을 가졌고, 거기서 나오는 수익을 향유할 수 있기 때문이다. 그렇지만 차분히 따져보면 건물주가 부러운 이유는 그가 건물을 가졌기 때문이라기보다는 그저 '돈이 많아서'일 것이다. 예금을 해도 2% 내외의 수익을 얻을 수 있는데, 세를 주고 이것저것 제하고 나서 겨우 2~3%의 수익을 얻는다면 그게 무슨 큰 차이가 있겠는가? 집주인들도 이런저런 곤란함을 자주 호소한다. 새벽에 보일러가 터졌다는 전화를 받고 깬다거나, 월세 꼬박꼬박 내는 세입자를 만나려면 전생에 큰 공을 세워야만 된다는 등 하면서 말이다.

자산 수익률이라는 것이 원래 그렇다. 자본주의에서 어떤 특정한 자산이 다른 자산에 비해 장기간에 걸쳐 초과수익률을 계속 내주는 경우란 거의 없다. 장기적으로 보아 자산 수익률은 평균으로 수렴해갈 수밖에 없다. 은행예금, 부동산 임대, 주식투자 등은 긴 시간을 통해 보면 수익률이 결국 거기에서 거기라고 할 수 있다. 그중에서 더 좋은 기업의 주식을 발굴하거나 더 좋은 부동산 물건을 찾아내는 것은 개인의 능력에 달린 것이다.

그동안 기업들이 임대 시장에 진출할 매력을 못 느꼈던 것은 위와 같은 이유 때문이다. 그나마 최근에는 은행금리가 워낙 낮아져서 임대 수익률이 이자보다 높아졌지만, 과거에는 수익률이 은행 이자만도 못했다. 기업들이 주판알을 튕겨보면 도저히 계산이 안 나왔던 것이다. 거기에다 개인에 비해 관리비 비중도 높고 세금도 빠져나갈 구멍이 없으니, 개인들만 임대 시장에 남게 된 것이다. 한편 집주인들도 엄청나게 박한 수익률을 지키기 위해 안절부절해야만 하는 상황이었던 것이다.

한국 전체 가구의 45%는 전월세 주택에서 살고 있다. 많은 사람들이 공감하겠지만, 타인 소유의 건물에 세 들어 사는 일의 피곤함은 이루 말할 수 없다. 임차기간이 끝나면 터무니없이 전세금을 올려달라거나, 당연히 해주어야 할 집수리 등을 온갖 핑계를 대며 떠맡지 않으려고 하거나, 괜히 임차인이 사는 집을 기웃거리는 사생활 침해까지도 비일비재하다. 집주인의 성격이 이상해서 그런 경우도 있지만, 앞서 말했듯 어느 정도는 임대차 주택을 둘러싼 경제적 조건 자체에도 그 원인이 있다고 할 수 있다.

section 2

독일 임대 시장의 시사점

선진국들은 국가 차원에서 임차인 보호를 위한 정책적 지원을 하고 있다. 임차인 보호가 가장 잘 이루어지고 있다는 독일의 상황을 살펴보자. 독일은 OECD 국가 중에서 자가점유율이 43%로 가장 낮은 국가이다. 한국의 자가점유율이 54%이고 유럽연합 15개국의 평균이 63%인 점을 감안하면, 독일인들은 어지간하면 다들 임대주택에서 사는 셈이다. 게다가 공공임대주택의 비율도 5%밖에 되지 않으므로, 대부분이 민간 임대를 통해 임차를 하여 살아간다. 그런데도 상대적으로 주택 문제에 큰 불만이 없는 국가로 알려져 있다. 왜 그럴까?

독일 국민의 주거 만족도가 높은 이유

임대차 관계에서 법률로 정하는 내용은 크게 3가지로 나눌 수 있다. 임대차 기간, 보증금(전세금)을 반환받을 수 있는 보호장치, 임대료를 어떻게 정할 것인가 등이다.

　한국도 임대차보호법에서 임차인에게 2년의 임차기간을 보장하고, 보증금(전세금)을 받을 수 있는 담보권에 대해서도 잘 규정하고 있다. 하지만 임대료 부분에 대해서는 완전히 시장에 맡겨놓고 있다. 한국의 법률은 보증금을 반환받는 것에는 많은 신경을 쓰고 있지만, 임대차 기간은 2년밖에 보장하지 않으며, 임대료 문제에는 거의 손을 대지 않고 있는 실정이다.

　독일의 경우 일단 보증금에 관해서는 별다른 규정이 없다. 보통 1개월치 월세 정도의 금액이고, 이는 주택 이용 중의 손실을 충당하는 정도로 이용된다. 그런데 임대차 기간을 보장하는 문제에 대해서는 매우 강력한 장치를 가지고 있다. 일단 법정기한 자체가 없다. 연속하여 3개월 이상 월세를 내지 않거나 시설물을 심각하게 파손하는 등 해약조건을 충족시키지 않는다면 무제한으로 계속 이용할 수 있다.

　2009년 독일 GEWOS 연구소의 통계에 따르면, 독일 세입자의 평균 거주기간은 12.8년이고, 20년 이상 한곳에서 산 세입자도 전체의 22.7%에 이른다. 이에 반해 한국의 세입자들은 평균 3.5년마다 이사를 하고, 최근 2년 안에 이사를 한 가구의 비율이 2014년 기준 36.6%에 달한다.[23] 한국에서는 집주인이 2년 후에 나가라고 하면 버틸 수 있는 방법이 없기 때문에 이사를 자주 다녀야 한다. 이를 보면 한국의 주거 안정성이 얼마나 떨어지는지를 알 수 있다.

　또한 독일은 임대료에 대해서도 법률이 직접 개입하고 있다. 독일 민법은 임대인이 월세를 3년 동안 20% 이상 올리지 못하도록 직접 규정하고 있다. 또 이 제한 내에서도 임대료를 마음대로 올릴 수 있는 것이 아니라, 임대료 기준표나 전문가의 감정서와 같은 까다로운 조건이 있어야 올릴 수 있다.

이러한 독일의 상황과 비교해보면, 우리의 세입자들이 겪는 상황은 그야말로 열악하게 여겨진다. 살고 있는 집에서 계속 거주할 수 있을지의 여부는 오로지 집주인의 처분에 맡겨져 있고, 이번에는 집세를 또 얼마나 올려달라고 요구할지 몰라서 전전긍긍해야 한다. 이러한 우리 처지에 비추어본다면 정말 독일은 임차인의 천국이라 할 만하다는 생각이 든다.

독일 임대차 기사가 말하지 않는 것들

그런데 한국의 언론 기사들이 제대로 말하지 않는 점이 있다. 독일의 정부정책이 임차인을 잘 보호하고 있는 점은 매우 좋아 보이지만, 정작 가장 중요한 문제는 바로 임대료의 수준이라는 점이다. 임차인을 아무리 잘 보호해준다고 하더라도, 집세가 엄청나게 비싸다면 얼마나 소용이 있겠는가?

일단 가처분 소득 대비 주거비 부담을 비교해보면, 한국은 항상 세계 최저 수준으로 나온다. 그럴 수밖에 없다. 한국만의 전세제도라는 특수성 때문이다. 예를 들어 1억원짜리 집을 임대했을 경우, 연간 임대료가 집값에 대한 은행 이자보다 조금이라도 높아야 하는데, 때로는 은행이자의 절반 수준으로 전세를 주기도 했던 것이다. 한국의 경우 전세 비중이 60%를 넘으므로 당연히 임대료 부담이 가장 낮은 수준으로 나온 것이다. 실제로 통계를 확인해봐도 마찬가지이다.

다음은 2016년도 OECD 행복지수(better life index)라는 지표에서

인용한 '가처분소득 대비 주거비 부담 비율'이다.[24] OECD의 평균 가처분소득 대비 주거비 부담 비율은 21%인데, 한국의 주거 부담 비율은 15.9%로 러시아에 이어 두 번째로 낮은 수준이며 조사대상국 중 2위를 기록했다. 독일은 21.5%로 거의 OECD 평균에 근접한 수준이다. 일단 이 지표를 통해서 볼 때 한국의 주거비 부담은 독일에 비해 압도적으로 낮다는 것을 알 수 있다.

게다가 독일도 대도시 주민들은 살인적인 주거비 부담에 시달리고 있다. 뮌헨은 주거비 부담률이 가처분소득의 47%나 되었고, 프랑크푸

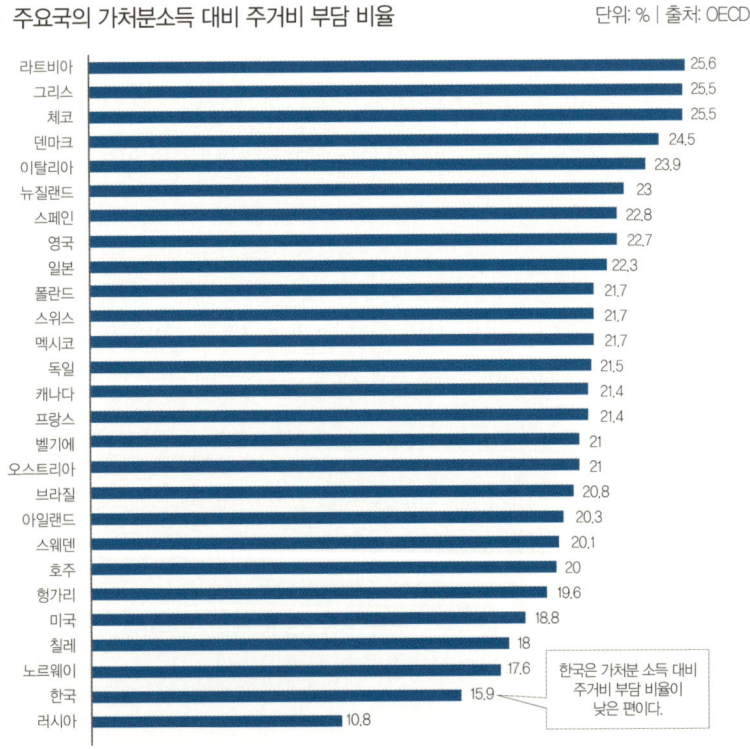

주요국의 가처분소득 대비 주거비 부담 비율　　단위: % | 출처: OECD

국가	비율
라트비아	25.6
그리스	25.5
체코	25.5
덴마크	24.5
이탈리아	23.9
뉴질랜드	23
스페인	22.8
영국	22.7
일본	22.3
폴란드	21.7
스위스	21.7
멕시코	21.7
독일	21.5
캐나다	21.4
프랑스	21.4
벨기에	21
오스트리아	21
브라질	20.8
아일랜드	20.3
스웨덴	20.1
호주	20
헝가리	19.6
미국	18.8
칠레	18
노르웨이	17.6
한국	15.9
러시아	10.8

한국은 가처분 소득 대비 주거비 부담 비율이 낮은 편이다.

한국 임차가구의 임대료 부담 비율   단위: % | 출처: 국토교통부, 주거실태조사

구분		2006년		2008년		2010년		2012년		2014년	
		중위수	평균	중위수	평균	중위수	평균	중위수	평균	중위수	평균
전국		18.7	22.9	17.5	22.8	19.2	23.1	19.8	26.4	20.3	24.2
지역	수도권	19.9	25.3	22.3	26.1	20.9	26.4	23.3	30.5	21.6	27.4
	광역시	18.5	20.1	19.3	19.5	16.4	19.4	16.8	22.0	16.6	20.5
	도지역	17.8	18.5	15.9	16.4	14.4	16.2	14.5	19.3	15.8	17.3

※ 월세 전환율(월세이율)은 2006년 11.88%에서 2008년 11.76%, 2010년 11.52%, 2012년 10.44%, 2014년 9.36%로 지속적으로 하락했다. 연도별 월세 이율은 국민은행 주택가격 조사(2006년 10월, 2008년 10월, 2010년 8월) 및 한국감정원 월세동향 조사(2012년 7월, 2014년 8월).

르트는 35%, 뒤셀도르프는 35% 등 주요 도시가 대부분 30%를 넘어서고 있다.[25]

한국의 경우 도시별로 조사한 데이터는 없지만, 국토교통부의 주거실태조사에 따르면 월소득 대비 임대료 부담률은 수도권 기준으로 평균 약 27% 수준이다. 한국의 경우 수도권의 경제력 집중도가 매우 높은 것을 감안한다면, 독일의 뮌헨과 비교해도 괜찮을 것이다.

독일의 임대료 부담률은 한국과 비교해서도 매우 높은 수준임을 알 수 있다. 독일 현지에서 생활하고 있는 사람들의 말을 들어봐도 이런 통계수치와 비슷했다. 일단 한국의 대도시와 비교했을 때 월세가 2배 이상 비싸다는 느낌이고, 전기나 수도요금이 3배쯤 되다 보니 쓸 수 있는 돈이 별로 없다는 이야기였다.

독일의 임대료는 왜 그렇게 비싼가?

독일의 임차인 보호는 세계적으로도 유명하다. 제2차 세계대전 전후부

터 주거 안정화 정책을 오랫동안 실시하며 발전시켜왔다. 그래서 한국 언론은 독일의 임차인 보호 정책에 대해 자주 다루었다. 그런데 임차료 문제는 잘 다루지 않는다.

주택임대차를 다루는 법이라면, 보통 경제적 약자인 세입자를 보호하는 여러 규정들이 있기 마련이다. 그런데 이런 규정들이 '법으로 정해졌으니 당연히 사회적 규범으로 작동'하게 되는 것은 아니다.

2015년 6월 독일의 주요 도시에서는 월세 제동책(Mietpreisbremse)이라는 정책이 시행되었다. 세계 법제정보센터의 자료에 따르면, 이 정책은 임대료를 해당 지역의 임대료 기준표(Mietspiegel)보다 10% 이상 올리지 못하게 한다. 2016년 2월까지 약 300개 도시에 시행되었고, 독일 전체 주택의 30%가량이 해당된다. 법률 내용만 보면 흠 잡을 곳이 없어 보인다. 하지만 현재 이 정책은 심각한 부작용을 낳고 있다.[26]

첫째, 임대료를 기준표보다 10% 이상 인상할 수 없다는 규정이 신규주택에는 적용되지 않는다. 덕분에 신규주택의 임대료가 급격히 올랐다.

둘째, 기존 세입자를 내보내기 힘든 독일 민법의 규정을 회피하기 위해서 온갖 '합법적인 괴롭힘'이 등장했다. 가장 좋은 예가 정부가 권장하고 있는 에너지 효율화 작업을 벌이는 것이라고 한다. 최대한 시끄럽게 작업을 해서 도저히 못 살겠다 싶게 만들어 퇴거를 시키는 방법이다.[27]

셋째, 앞으로의 임대료 상승은 제약을 하더라도, 이미 임대료가 높은 상황은 바꾸기가 힘들다. 그래서 세입자들은 이전의 임대료가 얼마였는지를 조사하기 힘들기 때문에, 울며 겨자 먹기로 표준 임대료 규정보다 비싼 월세를 내는 경우가 많다고 한다.

독일은 유럽에서 경제가 가장 잘 돌아가는 국가이다 보니 주택 수요도 그에 비례해서 늘어나고 있다. 최근에는 집값도 많이 올라서 임대료도 따라서 오를 수밖에 없는 상황이다. 하지만 법으로 월세 인상을 꽉 묶어놓으니 이런 편법이 난무하게 된 것이다. 경제학 교과서에서 설명하는 것처럼, 최고가격제를 만들어놓으니 암시장이 형성되어 오히려 가격이 더 비싸지는 상황이다.

그런데 이는 특정한 법률 조항의 문제만이 아니다. 임차인에 대한 엄격한 보호는 다른 말로 임대인의 권리를 제한한다는 것이고, 이는 임대인의 경제적 손실로 이어질 수 있다. 그렇다면 임대인은 이런 손실을 어떤 식으로든 보충하고자 할 것이다. 가장 쉬운 방법이 '월세 인상'이고, 이 방법이 막히면 온갖 편법을 동원하게 되는 것이다.

서울의 경우 월소득 대비 임대료 부담율이 평균 30%를 넘지 않는다. 주거비 부담 비율이 높을 수밖에 없는 저소득층을 기준으로 해도 29%

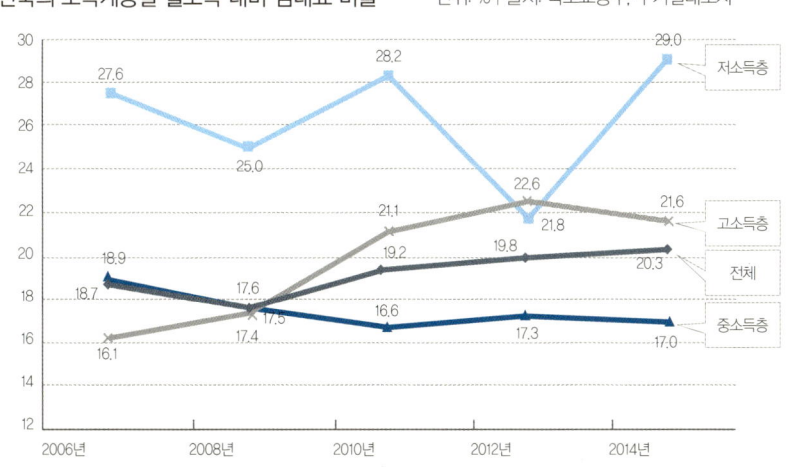

한국의 소득계층별 월소득 대비 임대료 비율   단위: % | 출처: 국토교통부, 주거실태조사

를 기록하고 있다. 그런데 뮌헨 같은 대도시는 47%를 기록하고 있으니, 얼마나 생활이 힘들겠는가?

독일의 임대료가 비싼 이유는 여러 가지가 있다. 최근에는 사람들과 자금이 남유럽의 경제위기를 피해 독일로 몰려들면서 수요가 크게 늘었다. 또한 환경정책이 강력하게 시행됨에 따라 에너지 절약을 위한 시설을 설치해야 하는데, 이 비용을 세입자에게 전가하는 경우가 있다. 여기에 임차인 보호 규정도 강력하다. 결국 이런 모든 조건들이 모여서 높은 '월세가격'을 형성하고 있다. 한국 언론으로부터 그렇게 칭송받는 독일도 시장가격의 형성 원리를 벗어나지는 못하고 있는 것이다. 훌륭한 법적 보장을 받는 대신, 그에 걸맞은 비용을 지불하고 있는 것이다. 이제 우리 주택시장의 변화를 살펴보자.

section 3

거대한 변화의 시작

앞서 한국의 임대차 시장은 '잔소리가 심한 노인들'이 주로 공급하고 있다는 전형적 이미지를 가지고 있다는 이야기를 했다. 하지만 앞으로 경제상황이 변하면 주택 임대차 시장도 마찬가지로 변할 것이다. 현실에서 이미 벌어지고 있고, 전문가들도 예상하고 있는 변화의 방향들을 정리해보겠다.

기업의 진출

개인들에게 거의 전적으로 맡겨져 있는 임대차 시장에 기업들이 진입하기 시작할 것이다. 대부분의 선진국에는 임대차를 업으로 삼는 기업들이 많다. 한국에서도 오피스나 상가 시장에는 임대차 전문 기업들이 있지만, 주택 시장에는 거의 없었다. 바로 전세라는 제도와 함께 나타나는 '시장 평균 수익률에도 못 미치는 낮은 이익률' 때문이었다.

하지만 앞으로는 상황이 많이 바뀔 것이다. 일단 과거에 비해 금리가 너무 낮아졌다. 그러므로 월세 수익률이 고금리 시절과 비슷하다면, 이제는 상당한 초과수익률을 올릴 수 있게 된 셈이다. 과거에 5% 이자로 돈을 빌려 임대사업을 하는데 월세 수익률이 4%밖에 안 된다면, 기업들은 그 손해를 세금까지 내면서 도저히 감수할 수 없었다. 하지만 금리가 2%대라면 다르다. 앞으로는 금리가 높아질 가능성이 높지만, 그렇다 하더라도 2008년 전후의 금리와 비교하면 낮은 수준일 것이다. 그러므로 기업도 수익률 면에서 임대차 시장에 관심을 기울일 만한 조건이 형성된 셈이다.

뉴스테이의 등장

실제로 이런 변화는 이미 현실이 되어 '뉴스테이'라고 불리는 기업형 임대사업이 본격화되고 있다. 개인이 99%를 차지하던 민간 주택 임대차 시장에 드디어 기업이 뛰어들기 시작한 것이다. 벌써 뉴스테이 광고가 나오고 사업이 진행되고 있다는 뉴스도 들린다.

뉴스테이란 간단하게 요약하면, 기업이 아파트를 대규모로 매입 또는 신축하여 임대사업을 하면서 임차인들에게 8년간 주거기간을 보장하는 사업이다. 임차인 입장에서는 장기간의 임차기간이 보장되고, 임대료 인상률이 매년 5% 이하로 제한된다는 것이 장점이다.

뉴스테이 사업자들은 8년간의 임대기간 동안에는 월세를 받고, 이후에는 분양을 해서 팔거나 임대를 계속하거나를 선택할 수 있다. 특히 재건축 아파트 사업을 하면서 새로 증축되는 분량을 아예 통째로 뉴스테이 사업자에게 넘겨버리는 경우도 있다.

여태까지 기업이 주택 임대 시장에 들어오지 못한 가장 중요한 이유는 '돈이 안 되어서'였다. 세금 면에서도 불리하고 월세 수익률 자체도 낮았기 때문이다.

하지만 이제 상황이 바뀌었다. 일단 저금리 상황이 오랫동안 지속되면서 기업이 자금을 훨씬 쉽고 싸게 융통할 수 있게 되었고, 정부가 세제 지원을 약속했다. 게다가 초기 임대료는 자율적으로 정할 수 있기 때문에 기업 입장에서는 수익률 관리가 가능하다. 뉴스테이에 대한 정부의 지원책은 다음의 표에서 보는 바와 같다.

정부의 뉴스테이 지원 방안 출처: 『주택금융월보』 제142호

구분	지원내용
토지지원	・도심 내 공공부지, 그린벨트 해제 지역, 재건축사업부지, 공급촉진지구 지정 등을 통하여 저렴하게 공급
세제지원	・취득세 감면 비율 25%→50%(65~85m^2) ・법인세, 소득세 감면 비율 20%→75%
금융지원	・주택 규모에 따라 기금대출 금리인하(60m2 이하: 2.7%→2.0%, 60~85m2 : 3.7%→2.5%) ・전용면적 85m^2 초과 주택도 저리의 주택기금 융자(8년건설 기준 3.0%)
제도지원	・인허가기간 1년 이상 단축, 법정 한도까지 용적률 허용 ・재개발·재건축 시 뉴스테이 건설하면 용적률 인센티브
입주자격 및 임대료	・입주자격은 주택소유자도 가능 ・초기 임대료 규제 폐지(입주 후 임대료 상승률 연 5% 상한)

정부는 왜 뉴스테이를 지원하는가?

정부는 임대 시장의 안정을 꾀하기 위해 뉴스테이에 정책적 지원을 아끼지 않고 있다. 지난 수년간에 걸쳐 전세가격이 너무 올랐기 때문에 서민들의 주거 안정성이 크게 떨어졌고, 이에 안정적인 임대주택의 공급이 필요했다.

그런데 정부의 임대주택 공급은 심각한 한계에 부딪혀 있다. 공공임대주택을 공급해온 LH한국토지주택공사는 2014년 말을 기준으로 134조원의 부채를 지고 있다. 부채비율만도 376%에 달하며 이를 정상화하기 위한 계획이 진행중이다. 그런데 LH공사가 커다란 적자를 낸 주요한 원인 중 하나가 바로 공공임대주택 사업이다.

LH공사는 국민임대주택 1가구를 건립할 때마다 2013년 기준으로 부채가 9,600만원씩 발생한다. 건립할 때만이 아니라 운영 중에도 계속 손실이 누적되고 있다.

2014년 기준 LH공사의 임대사업 운영손실은 5,500억원에 달한다. 임대비용은 1조 5,287억원인데, 임대수익은 9,770억원밖에 되지 않는다. 이는 공공임대주택의 임대료가 필요한 만큼 인상되지 않기 때문이다. LH공사가 운영하는 임대주택의 임대료는 2005~14년의 10년 동안에 21.9%가 올랐지만, 같은 기간 아파트 전셋값 상승률은 66.2%에 달했다. 그러니 운영손실이 누적되는 것은 당연하다.[28]

물론 정부가 수익을 남기기 위해 공공임대주택을 짓는 것은 아니다. 하지만 적자가 계속 누적되는 것을 방치할 수는 없을 것이다. 물론 정부는 저소득층의 주거를 안정시키기 위해 계속 임대주택을 공급해야 한다. 하지만 중산층 이상의 계층을 위한 임대주택 사업까지 떠맡기에는 아무래도 힘이 부친다. 그래서 민간의 힘이 필요한 것이다. 특히 주택 임대차 시장을 개인들에게만 맡겨두는 것이 아니라, 민간기업들도 임대주택 공급에 뛰어들도록 하는 것이 뉴스테이 정책의 목적이다. 이제 기업의 주택 임대차 시장 진출이 가져올 변화를 살펴보자.

section 4

기업의 임대 시장 진출이 가져올 변화

임대 시장의 세 가지 변화

뉴스테이를 비롯해 기업의 주택 임대차 시장 진출은 정부의 정책 지원에 힘입어 앞으로도 계속될 것으로 예상된다. 이에 따라 임대 시장에 매우 중요한 변화가 시작될 것이다. 앞으로 전세는 점차 소멸할 것이 분명해지고 있다. 남은 것은 월세 시장인데, 여기에서는 어떤 변화가 생겨날까?

첫째, 기본적으로는 임차주택의 공급이 늘어날 것이다.

기업이 임대 공급의 주체에 추가되었다. 기업들은 월등한 자금력과 사업 기획력을 가지고 뛰어들고 있다. 이에 따라 임대주택의 공급이 늘어날 것이고 시장의 질도 변화할 것이다. 일단 수요자의 입장에서는 환영할 만한 일이다.

둘째, 월세가 좀더 비싸질 가능성이 높다.

기업형 공공임대주택인 뉴스테이가 은행금리에도 못 미치는 월세로 공급될 수는 없을 것이다. 이로 인해 월세가 아무래도 현재의 수준보다는 좀 더 높아질 가능성이 크다. 공급자 입장에서는 투자분을 회수해야 하고, 그러기 위해서는 전세와 경쟁하는 월세의 수준을 감내하기는 어렵다. 임대사업을 유지하는 데 들어가는 비용도 더 커질 것이니, 월세도 그 비용 부담에 맞추어질 가능성이 있다.

셋째, 임대 시장이 지금보다 훨씬 법적으로 깔끔해질 것이다.

일단 이상한 갑질을 하는 집주인들은 줄어들 것이다. 집에 보일러가 터졌는데 말도 안 되는 핑계를 대면서 무시하거나, 월세가 밀렸다고 쳐들어와서는 고함을 지르는 일도 줄어들 것이다. 기업형 공공임대주택의 경우 이런 일은 거의 일어나지 않을 것이다. 만약 월세가 밀렸다면 그저 조용히 '퇴거 명령장' 같은 것을 집으로 배달하는 식으로 진행될 가능성이 크다. 물론 보일러가 터졌다면 수리를 요청하는 것도 훨씬 쉬워질 것이다. 사실 이런 방식이 임차인이나 임대인 모두에게 훨씬 깔끔할 것이다. 법적으로 정해진 권리와 의무가 분명한데, 왜 서로 얼굴을 붉히면서 싸워야 하겠는가?

일본의 임대 시장

일본의 임대주택 현황도 앞으로 우리 임대 시장의 변화를 전망하는 데 참고가 될 수 있다. 일본은 이미 기업이 주택 임대 시장에 활발히 진출하여 민간임대주택의 45%(약 610만 호)를 관리하고 있다. 건설사뿐만 아니라 중개회사나 부동산 개발 회사들도 이 시장에 뛰어들었다. 침체 일로에 있는 일본 부동산 시장에서도 임대 시장만큼은 꾸준히 성장세를 유지해왔다. 부동산 거래 시장이 활력을 잃었다고 해서 임대 시장까지 죽어가는 것은 아니라는 말이다.

한국의 주택 임대 시장은 그동안 월세와 전세가 경쟁하는 관계였다. 전세는 월세에 비해 비용부담이 적다는 엄청난 장점이 있지만, 개인들에게 감당하기 힘든 목돈을 요구하는 단점이 있다. 이 과정에서 법적 분쟁이라도 생긴다면 전 재산이나 다름없는 전세보증금을 사기 등으로 날리는 일도 허다하다.

하지만 금융 시장이 발달함에 따라 전세가 계속 유지되기는 힘들 것이다. 거액의 전세자금을 융통할 수 없는 이들에게는 유일한 주거 선택지가 월세일 수밖에 없다. 기업의 임대 시장 진출은 개인에게만 쏠린 시장의 구조를 다양화할 뿐만 아니라 온갖 전근대적인 관행이 판치는 시장을 현대적으로 바꾸는 계기가 될 수 있을 것이라는 기대도 있다.

임대 시장 변화의 장단점

신문에서 부동산을 다루는 기사를 훑어보면 대체로 아파트 가격의 등락에 초점이 맞추어져 있다. 즉 어느 지역이 유망하다느니, 어디가 재개발로 수익이 기대된다는 식의 내용이다. 그런데 45%의 국민들이 전월세 주택에 살고 있다. 이들은 거의 3년에 한 번씩 이사를 다니면서 거처가 불안정하고, 생활비의 30%가량을 주거비에 쏟아 부어야 하는 처지이다. 게다가 지난 시기에 전세와 월세가격은 꾸준히 올랐으므로 이들의 부담은 점점 커지고 있다. 그래서 이들에 대한 정책적 보호가 훨씬 더 필요하다.

경제의 세계에서는 공짜 점심도 없고, 싸고 좋은 물건도 없기 마련이다. 효용이 있다면 비용을 지불해야 하는 것이 당연하다. 그러나 이 과정에서 벌어지는 불필요한 갈등이나 시장질서를 교란하는 불공정한 행동은 없어져야 할 것이다. 우리가 부동산 임대 시장을 보면서 목표로 하는 지점도 비슷하다.

정부도 한정된 자원을 활용하여 최대한의 효과를 내려고 하는 경제 주체 중 하나이다. 그러나 주택 시장은 엄청나게 큰 시장이고, 정부가 모든 일을 알아서 잘한다는 것은 불가능하다. 정부가 직접 플레이어로 나서서 시장의 어려운 일을 모두 해결하라고 요구하는 것보다는, 공정한 시장질서를 지키도록 하면서 시장 내의 활발한 거래를 통해 자원의 효율적인 배분이 이루어질 수 있도록 만드는 것이 우선이다.

그런 의미에서 공급자가 개인 일변도인 임대주택 시장에 기업을 참여시켜 다변화하는 것은 일단 시장의 기능을 회복시킨다는 점에서 긍정적이다. 이와 맞물려서 세금도 정확히 징수하고 법 규정을 제대로 지키게 만든다면, 시장을 더욱 투명하게 만들어가는 과정이 될 것이다. 물론 이런 변화에는 또 다른 측면도 있다. 아마도 임대비용이 전반적으로 상승할 가능성이 있다. 그러나 이는 임대 시장이 좀더 제대로 작용하기 위해서는 어쩔 수 없이 치러야 할 비용이기도 할 것이다.

거대한 변화를 앞두고

지금은 우리가 그동안 겪어보지 못했던 새로운 종류의 변화가 닥쳐오고 있는 시기이다. 장기간의 경기침체가 이어지면서 저금리가 오랫동안 계속되자 전세가 점차 사라지고 월세가 보편화되고 있다. 여기에 저출산 고령화의 충격까지 닥쳐오고 있으며, 우리의 주거생활은 이런 거시적 경제 변화에 그대로 노출되어 있다.

그러므로 사회적 약자계층을 보호하는 복지의 관점과, 효율적인 시장거래의 결과로 더 많은 이들에게 안정적인 주거환경이 제공되도록 만들어야 한다. 이는 주택 임대차 시장뿐만 아니라 한국 부동산 시장 전체에 통하는 이야기일 것이다. 그래서 부동산을 다루는 문제에서는 반드시 이 시장에서 통용되는 '경제학적 원리'에 대한 이해가 필요하다고 믿는다. 이것이 바로 필자가 이 책을 통해 가장 하고 싶었던 말이기도 하다.

section 5

주택 구매의 리스크가 줄어들었다

집을 산다는 것은 대부분의 사람들에게 전 재산을 거는 일이다. 전 재산으로도 모자라서 은행에서 대규모의 대출을 받기도 한다. 개인의 경제생활에서 이보다 더 중요한 결정은 별로 없을 것이다. 그래서 평범한 생활인들이 내집마련을 계획할 때 염두에 두어야 할 고려사항을 체크리스트 식으로 정리해보았다.

주택 구매의 결단은 크게 3단계로 나누어진다. 첫째, 전월세와 주택 구매 사이에서 결단을 내려야 한다. 둘째, 어디에 집을 살 것인지 입지를 결정해야 한다. 셋째, 언제 사야 하는지 타이밍을 결정해야 한다.

이 세 가지 문제는 여러 면에서 연관되어 있기 때문에 칼같이 분리해서 생각하기 힘들다. '주택 구매'를 결정하는 문제와 '언제 집을 사느냐'의 문제는 거의 동전의 양면과 같고, '어떤 동네'로 갈 것인가의 문제도 그 지역의 투자가치를 고려하지 않을 수 없기 때문이다.

우리가 집을 사려고 할 때에는 주거생활의 편의를 누리고 투자수익을 올리려는 목적이 있다. 그런데 주거 편의성은 사람마다 각기 상황이 다르므로 일률적으로 이야기할 수 없다. 누군가에게는 경기도 양평의 전원주택이 가장 편의성이 높을 수 있고, 또 누군가에게는 강남의 20평 아파트가 더욱 좋을 수 있다.

결국 남는 것은 투자수익의 문제이다. 부동산 투자를 윤리적 당위의 문제로만 접근할 수는 없다. 아무리 실거주 목적이 중요하더라도 집값이 계속 올라준다면 개인 입장에서는 반가운 일이다.

여기서는 입지의 문제를 논의에서 제외하기로 하자. 일산에 생활공간이 몰려 있는 사람이 용인의 부동산이 유망하다는 소리를 듣고 그리로 옮길 수는 없지 않겠는가. 설사 투자가치가 아주 높다는 전망을 믿고 먼 곳으로 이사를 간다 하더라도, 긴 통근시간이나 새로운 공간에 대한 적응 등으로 발생하는 비용도 고려해야 할 것이다. 이런 문제는 어느 누구도 대신 고민해줄 수 없는 문제이다.

둘째, 일단은 전월세 비용과 주택 구매 시의 금융비용을 고려해서 더 유리한 쪽으로 선택하면 된다. 안정된 소득이 있어서 대출금리를 낮출 수 있고, 그 비용이 월세 비용보다 싸다면 당연히 주택을 구매하는 것이 유리할 것이다. 반면 안정적인 전세를 구했고 금융 비용도 낮게 유지할 수 있다면, 굳이 과중한 대출로라도 집을 사야 한다는 간절함은 없을 것이다.

결국 '타이밍'의 문제가 남는다. 지금 집을 사도 괜찮겠느냐 하는 질문 말이다. 이제 그 고민을 함께 나누어보자.

2000년대 중반의 호황기와 현재

부동산 경기가 좋았다고 할 만한 시점인 2000년대 중반기를 떠올려보자. 연간 주택매매가격지수가 10%씩 오르고, 일부 지역에서는 2, 3배씩 오르는 일도 허다했다.

언론이나 주변의 평가는 극단적으로 나뉘었다. 한쪽에서는 앞으로도 집값이 크게 오를 것이므로, 지금 집을 사지 못하면 평생 내집마련을 꿈도 꾸지 못할 것이라며 조급해 했다. 다른 쪽에서는 급등하는 가격은 반드시 꺾여 내려갈 수밖에 없으며 무리하게 빚을 냈다가는 평생 빚더미에 깔려 죽을 고생을 해야 할 것이라는 공포감을 조성했다. 그리고 사람들은 이 양 극단의 이야기를 들으면서 어떤 식이든 결단을 내려야만 했다. 만약 그때의 나였다면 어떤 결단을 내렸을까? 이 질문을 스스로에게 던져보자. 당시 상황에서 나는 집을 살 것인가? 아니면 전세를 구할 것인가?

그로부터 10년이 넘게 지난 지금의 시점에서 이러쿵저러쿵 평가하는 것은 너무나 쉽다. 우리는 이미 결과를 알고 있기 때문이다. 그런데 문제는 우리가 미래를 알 수 없는 시점에서 극단적으로 나뉜 주장들 속에서 어떻게든 판단을 해야 한다는 점이다.

지금 시점에서도 마찬가지이다. 앞으로 부동산 가격이 어떻게 변할지는 그저 예상만 할 수 있을 뿐이며, 우리는 결단을 내려야만 한다. 굳이 2007년으로 돌아보려는 것은 당시가 가장 혼란스러워했던 시기였기에, 어떻게 객관적인 판단을 유지할 수 있을 것인지 이야기하기에 가장 적당해 보이기 때문이다. 냉정하게 숫자의 문제로 풀어보자.

당시 강남 아파트는 평당 3천만원을 돌파했고, 서울 전 지역에서 부

시장금리 추이 단위: % | 출처: 한국은행 경제통계시스템

구분	2000년	2001년	2002년	2003년	2004년	2005년	2006년	2007년	2008년	2009년	2010년
국고채 3년(평균)	8.3	5.68	5.78	4.55	4.11	4.27	4.83	5.23	5.27	4.04	3.72
회사채 3년(평균)	9.35	7.05	6.56	5.43	4.73	4.68	5.17	5.7	7.02	5.81	4.66
기준금리	5.25	4	4.25	3.75	3.25	3.75	4.5	5	3	2	2.5

동산 상승세가 지속되고 있었다. 투자열기가 가장 뜨거웠던 강남의 30평형대 10억원 아파트를 두고 고민한다고 하자.

이때 가장 먼저 고려해야 할 점은 바로 금리이다. 이 금리는 주택 구매의 기회비용을 그대로 말해주는 것이기 때문에 가장 중요하다. 2007년 당시 한국은행의 기준금리는 5%였고, 3년 만기 회사채의 금리는 5.7% 수준이었다. 은행의 대출금리는 대략 7% 선에 육박하고 있었다. 즉 10억 아파트의 연간 이자비용은 7천만원 정도였다.

2017년 현재 주택담보대출금리는 약 3%대 수준이다. 그렇다면 지금은 10억원 아파트에 소요되는 비용은 연간 3천만원이라 할 수 있다. 두 아파트의 명목가격은 똑같이 10억원이지만, 자본비용은 2배 가까이 차이가 나는 것이다.

한편, 당시 서울 아파트의 매매가격 대비 전세가율은 겨우 40% 초반대였다. 강남의 경우에는 이보다 더 낮은 경우도 허다했다. 10억 아파트의 전세가가 평균 4억을 넘기 힘들었다. 똑같은 아파트에서 살면서 자기 집으로 살면 연간 소요비용이 7천만원이고, 전세로 살면 연간 2,800만원이다. 이런 시기에는 전세가 좋은 선택일 수 있다. 그런데도

시장에서는 왜 이런 차별적인 가격이 형성되고, 또 유지되는 것일까?

아파트에 전월세로 살든 자기소유로 살든 간에 생활편익은 동일하게 누릴 수 있지만, 투자수익은 자기 소유일 때에만 누릴 수 있다. 집주인 입장에서는 전세금 2,800만원만큼은 생활 편익을 위한 비용이고, 차액 4,200만원은 향후 시세차익을 누릴 수 있는 옵션을 구매하는 비용이라고 생각할 수 있다.

당시 시장은 부동산 가격 상승을 강하게 전망하고 있었고, 그 때문에 이런 가격구조가 형성될 수 있었다. 시세차익을 위한 비용인 4,200만원은 아파트 가격인 10억원의 4.2%에 해당한다. 연간 이 수익 이상을 올려야만 최소한의 비용을 회복한다. 게다가 진짜 투자수익을 올리려면 주택가격이 여기에서 물가상승률을 더한 수준으로 올라야만 한다. 2007년의 물가상승률은 2.5%였기 때문에 아파트 가격은 연간 6.7% 이상 올라야만 실질적인 투자수익이 가능하다는 말이다.

주택 구매의 리스크가 줄어든 이유

그럼, 다시 현재의 관점에서 생각해본다면 어떨까?

2016년 12월 시점에서 다시 한 번 같은 기준으로 판단해보자. 최근 매매가 대비 전세가율은 서울 기준으로 68% 수준까지 뛰어올랐다. 10억짜리 아파트의 평균 전세가가 6.8억이라는 의미이다. 그리고 은행의 대출금리는 담보대출 기준으로 약 3~4% 수준이다.

먼저 자가 소유하는 데 드는 비용은 10억원의 연간 이자비용으로 3천만원이다. 전세라면 전세금 6억 8천만원의 이자비용을 3%로 잡으면 약 2천만원 정도라고 생각할 수 있다.(실제로 서울 강남에서 이 정도

가격으로 전세를 구하는 것이 쉽지 않을 수도 있지만, 같은 기관에서 나온 통계를 신뢰하는 것이 옳을 것이다.)

이런 기준에서 생각해본다면, 이제는 전세의 비용 측면에서 보다라도 투자수익 옵션의 비용으로는 연간 1천만원 정도만 지불하는 것으로 셈할 수 있다.(연간 3천만원의 이자 비용 중에서 전세의 이자비용이 2천만원이기 때문에 나머지 1천만원을 옵션 비용으로 추산할 수 있음.)

최소한 주택을 산다는 것에 대한 위험비용은 2007년에 비해 말할 수 없이 줄어든 셈이다. 당시에는 연간 4,200만원의 비용을 치러야 했다면, 이제는 1천만원으로 비용이 줄어든 상태이다. 그만큼 주택 구매의 리스크가 줄어든 것이다. 이런 상황이라면 집을 사는 데 용기를 내기가 훨씬 쉬워졌다. 여기에 물가상승률은 1%대 안팎이다. 그렇다면 10억원 아파트 구매의 옵션비용은 연 1천만원으로 1%이고, 물가상승률이 1%이기 때문에, 만일 집값이 2% 오른다면 실질적으로도 수익을 낸 셈이 된다.

사실 지금 현재의 시점에서 가장 '경제적으로 합리적인' 주거방식을 골라야 한다면 당연히 전세 거주라 하겠다. 여전히 매매가격에 비해 전세가격은 70%에도 미치지 못하며, 기회비용 면에서는 자가 거주에 비해서 무조건 저렴하기 때문이다. 자가 보유를 통해 얻을 수 있는 주거의 안정성이나 향후 집값 상승의 수익을 향유할 수 없다는 점 정도가 약점이 될 뿐이다. 그러나 전세는 점차 줄어드는 경향이 뚜렷하고 월세로 점점 전환되고 있다. 주택에서 투자수익이라는 점을 포기한다면 전세만한 선택이 없겠지만, 주거생활이라는 것이 반드시 이런 계산만으로 이루어지는 것은 아니다.

부동산 전업투자가가 아니라면, 자기가 살 집의 가격상승 가능성에 너무 매달릴 필요는 없다. 다만 너무 비쌀 때 사지 않고, 너무 쌀 때 팔지 않고 싶다는 욕심 정도는 모두가 가지는 바람일 것이다. 그럴 때 현재 상황이 어떤지를 스스로 인식하기 위한 하나의 방법을 제시해보았다.

요약해서 말하자면, 집값의 절대적인 액수가 얼마인가는 중요하지 않고, 현재의 시중금리에 비추어 그 집값의 기회비용이 얼마인가가 훨씬 더 중요하다. 이 기회비용은 순수한 주거비용과 자가 보유를 위해 지불하는 비용으로 나눌 수 있고, 그 비용을 감당할 수 있을 것인가에 따라 투자 여부를 결정해야 할 것이다.

이런 기준으로 생각해보면, 똑같은 10억짜리 아파트라 하더라도 2007년의 부동산 활황기에는 연간 4,200만원의 투자비용이 들고, 2016년에는 1천만원의 투자비용이 드는 것으로 계산할 수 있다. 그렇다면 2016년이 투자에는 훨씬 안전한 시기라는 결론에 이르게 된다. 향후의 집값 상승에 대해서는 '랜덤워크 이론(random walk, 투자자산의 가격은 아무렇게나 걷는 것처럼 어떻게 될지 알 수 없다는 이론)에 따라 전망을 비워두더라도, 현재의 상황이 어떤가를 경제적으로 최대한 파악하는 것은 가능할 것이다. 최소한 너무 쌀 때 팔지 않고, 너무 비쌀 때 사지 않기 위해서라도 말이다.

● 참고문헌

도서

김경환, 손재영, 『부동산 경제학』, 건국대학교출판부, 2015.
김수현, 『부동산은 끝났다』, 오월의봄, 2011.
김재영, 『하우스 푸어』, 더팩트, 2010.
김효진, 『나는 부동산 싸게 사기로 했다』, 카멜북스, 2016.
라구람 라잔, 『폴트 라인』, 에코리브르, 2011.
박원갑, 『부동산 미래쇼크』, 리더스북, 2010.
선대인, 『미친 부동산을 말하다』, 웅진지식하우스, 2013.
선대인, 심영철, 『부동산 대폭락 시대가 온다』, 한국경제신문, 2008.
손낙구, 『대한민국 정치사회지도』, 후마니타스, 2010.
손낙구, 『부동산 계급사회』, 후마니타스, 2008.
이건범 외, 『실사구시 한국경제』, 생각의힘, 2013.
전강수, 김수현, 남기업, 이태경, 『부동산 신화는 없다』, 후마니타스, 2008.
정대영, 『한국 경제의 미필적 고의』, 한울(한울아카데미), 2013.
채상욱, 『뉴스테이 시대, 사야 할 집, 팔아야 할 집』, 헤리티지, 2016.

보고서

강민석, 「전세가격 상승에 따른 세입자 리스크 분석」, KB금융지주경영연구소, KB경영정보리포트 2012-08호, 2012. 6.
고제헌, 방송희, 「한국 주택금융 시장의 고유한 지표들」, 주택금융월보, 2015. 9.
국토교통부, 「2014년도 주거실태조사 보고서」, 2014. 12.
권주안, 「적정 주택공급량 분석」, 주택산업연구원, 2015. 2.
권주안, 「참여정부 주택·부동산정책 평가 및 문제점」, 주택산업연구원, 2008. 1.
금융연구원 동향실, 「미·일 가계자산 구성 및 특징」, 금융연구원, 주간 금융브리핑 16-15, 2007. 4.
기경묵, 「주택 월세시장 분석」, KB금융지주 경영연구소, KB경영정보리포트 2013-08호, 2013. 5.
김광석, 「싱글족(1인 가구)의 경제적 특성과 시사점」, 경제주평 15-33, 현대경제연구원, 2015. 8.

김기종, 「일본의 부동산 버블현상 및 한일간 차이점 분석」, KDB 경제이슈, 2003.
김수현, 「독일의 자가소유율이 낮은 이유」, 주택연구 제21권 3호, 2013. 8.
김열매, 「주택시장 현황과 전망의 변수」, 현대증권, 2016. 11.
김혜인, 「국내 주택가격 적정성 분석」, 산은경제연구소, 2010. 3
김효진, 「부동산 단기전망—공급이 답이다」, SK증권, 2015. 5.
김효진, 「부동산의 다섯 가지 특징」, SK증권, 2015. 5.
김효진, 「영국, 뉴질랜드, 대만 부동산에서 얻은 함의」, SK증권, 2015. 5.
김효진, 「한국 부동산은 정말 일본처럼 될까?」, SK증권, 2015. 5.
남기업, 「헨리 조지의 경제사상」, 토지+자유연구소, 2010. 3
노희순, 「주택 공급과잉 허와 실」, 주택산업연구원, 2016. 2.
박원갑, 「상업용 부동산 임대 동향 및 향후 전망」, KB금융지주 경영연구소, 2014. 5.
변준석, 「매매, 전세, 월세의 관계를 통한 전세의 이해」, HF 이슈리포트 15-31, 한국주택금융공사, 2014. 12.
변준석, 「전세의 이중적 속성(매매, 임대) 이해」, HF이슈 리포트 15-32호, 한국주택금융공사, 2015. 12.
변준석, 「전월세 시장의 구조적 변화와 주거부담 관련 이론적 고찰」, 한국주택금융공사, 2015. 12.
변준석, 「최근 주택임대시장 구조적 변화에 대한 이론적 고찰」, HF이슈 리포트 15-33호, 한국주택금융공사, 2015. 4
봉인식, 김영태, 「한국과 유럽연합 국가의 주거수준 비교 연구」, 주택연구 제17권 1호, 2009. 2.
서동한, 「뉴스테이 사업의 최근 동향 및 시사점」, KB지식 비타민 16-12호, 2016. 2.
손은경, 「주요국의 인구구조 변화와 주택시장」, KB지식비타민 16-60호, 2016. 8.
손정락, 「부동산임대업, 시황부진 가능성과 리스크」, 주간 하나금융포커스 제6권 39호, 2016. 10.
송의영, 「부동산 시장과 국민경제: 시뮬레이션 분석을 중심으로」, KDI정책포럼 제219호, 2009. 10.
송인호, 「우리나라 점유형태별 주거비현황 및 국가간 주거비 비교」, 한국개발연구원, 2015. 2.
신용상, 구본성, 하준경, 이윤석, 이규복, 송재은, 「서브프라임 모기지 사태의 분석과 전망」, 한국금융연구원, 2007. 9.

심훈, 「2011년 아시아 투자 부동산 시장 수익률 분석 결과」, 부동산포커스, 2012. 7.
여경훈, 「빚내서 투기하라는 참 나쁜 정권」, 새로운 사회를 여는 연구원, 2010. 8.
오지현, 「한국복지패널로 본 한국의 주거실태」, 보건복지포럼, 2010. 12.
오지현, 「한국복지패널로 본 한국의 주거실태」, 한국보건사회정책연구원, 보건복지포럼, 2010.12.
이동행, 「뉴스테이 활성화를 위한 고찰」, 주택금융월보 제142호, 2016. 5.
이상영, 「임대주택 주거비 부담, 어떻게 줄여야 하나?」, KB금융지주 경영연구소 포커스 이슈, 2016. 4.
이승희, 「부시 대통령 경제공약(Ownership Society)의 주요 내용과 경제적 함의」, 한국은행, 해외경제 포커스 2004-48호, 2004. 11.
이은미, 「인구와 가계통계로 본 1인 가구의 특징과 시사점」, SERI 경제포커스 제422호, 삼성경제연구소, 2013. 7.
이종아, 「전세 제도의 이해와 시장 변화」, KB지식비타민 16-30, 2016. 4.
이준협, 김동빈, 「하우스 푸어의 구조적 특성」, 현대경제연구원, 2011. 5.
이창무, 김현아, 조만, 「소득대비 주택가격 비율(PIR)의 산정방식 및 그 수준에 대한 국제비교」, 주택연구 제20권 제4호, 2012. 11.
이효찬, 「글로벌 부동산 시장의 현황과 과열 가능성 점검」, 우리금융경영연구소 이슈브리프 제4권 25호, 2014. 6.
이휘정, 「전세의 월세화와 가계 자산부채구조의 변화」, 하나금융 포커스, 하나금융경영연구소, 2015. 7.
임상수, 「아파트 가격 하락 가능성과 시사점」, 현대경제연구소 VIP REPORT 10-08(통권 제435호), 2010. 3.
임일섭, 「가계 자산 구성의 특징과 주택연금의 중요성」, 우리금융경영연구소 주간 금융경제동향 제5권 제30호, 2015. 12.
임일섭, 「소득 대비 주택가격 비율(PIR)을 통해 본 주택시장 현황」, 우리금융경영연구소 주간논단 제4권 25호, 2014. 6.
임일섭, 「주택시장의 구조변화가 주택금융에 비치는 영향」, 우리금융경영연구소 주간논단 제4권 42호, 2014. 4.
장효선, 김재우, 「부동산 패러다임 변화에 따른 부동산금융의 부상!」, 삼성증권 2016. 9.
정의철, 「주거복지 현황과 정책방향」, 부동산 시장 동향분석, 2012. 1/4분기.

정재웅, 「금융 시장의 발전사와 주택금융 시장의 형성」, 주택금융월보 통권 제138호, 2016. 1.

조성찬, 「전세대란 진단과 처방」, 토지+자유 연구소, 2010. 11.

조성찬, 「주택 오너십 소사이어티 전략과 전세대란」, 토지+자유 연구소, 토지+자유 비평 2016-6호, 2010. 11.

주원, 「주거비 부담(슈바베 계수)가 급증하고 있다」, 현대경제연구소 12-11, 2013. 3.

진미윤, 「미국의 주택압류 위기로 인한 주택시장 여건변화와 정책현안」, 주택금융월 보, 한국주택금융공사, 2012. 9

채상욱, 「주택시장의 테마: 임대주택과 재건축 투자 가이드」, 하나대투증권 2015년 하반기 전망, 2015. 5.

최창규, 「주택금융 시스템으로서의 전세의 의미」, 한국감정원, 2008.

통계개발원, 「한국의 사회동향」 2014.

통계개발원, 「한국의 사회동향」 2015.

한국주택협회, 「주택 200만 호 건설계획의 성과와 향후 주택정책의 방향에 관한 정책 토론회 결과보고서」, 국토개발연구원, 1992. 5.

● 주

1) 김화년, 「미국주택경기 바닥론 점검」, SERI 경제포커스, 2009. 4. 14.
2) 빈재익, 「주요 유럽 국가들의 실질주택가격지수의 최근 추이와 시사점」, 한국주택금융공사, 2014.
3) 이선엽, 「버블여행/일본 복합불황」, 굿모닝신한증권, 2012. 3.
4) 앨런 그린스펀, 2002년 8월 FRB of Kansas city 심포지엄에서 행한 개회사.
5) 선대인, 심영철, 『부동산 대폭락 시대가 온다』, 한국경제신문, 2008, pp.102~103.
6) Hoover, Herbert, The Memoirs of Herbert Hoover, *Volume 3: The Great Depression*, Herbert Hoover Presidential Library and Museum(www.hoover.nara.gov), Retrieved October 18, 2013.
7) 선대인, 심영철, 『부동산 대폭락 시대가 온다』, 한국경제신문, 2008, p.102.
8) "상위 1%도 타격, 슈퍼리치 시대 저문다", 머니투데이, 2009. 6. 21.
9) "美 양극화 심화, 상위 1% 자산 중산층보다 288배 多", 이데일리, 2010. 9. 12.
10) 진미윤, 「미국의 주택압류 위기로 인한 주택시장 여건변화와 정책현안」, 주택금융월보, 한국주택금융공사, 2012. 9.
11) 이휘정, 「전세의 월세화와 가계 자산부채구조의 변화」, 하나금융포커스, 하나금융경영연구소, 2015. 7.
12) 김경환, 손재영, 『부동산 경제학』, 건국대학교 출판부, 2015, pp.48~50.
13) Stein, Jeremy C, "Prices and Trading Volume in the Housing Market: A Model with Down-Payment Effects," *The Quarterly Journal of Economics*, Vol.110 No.2, 1995, pp.379~406.
14) 이 자료는 KB국민은행이 매월 발간하는 자료를 통해서 확인할 수 있다.(http://nland.kbstar.com/quics?page=B025966)
15) "주택 200만 호 건설계획의 성과와 향후 주택정책의 방향에 대한 정책토론회" 결과보고서 중 「주택 200만 호 건설계획의 배경과 개요」, 유상열, 국토개발연구원, 1992.
16) 국토부 김경환 차관, 2016년 8월 29일 기자간담회 발언 중에서.
17) 임일섭, 「소득 대비 주택가격 비율(PIR)을 통해 본 주택시장 현황」, 우리금융경영연구소『주간논단』제4권 25호, 2014. 6.
18) 라구람 라잔, 『폴트 라인』, 에코리브르, 2011, p.79에서 재인용.

19) 조지 부시, "America's Ownership Society: Expanding Opportunities", 2004년 6월 17일 연설.
20) Atif Mian and Amir Sufi, "The Consequences of Mortgage Credit Expansion: Evidence from the U.S. Mortgage Default Crisis," *Quartely Journal of Economics 124*, no. 4 (2009.11): pp. 1449~1496.
21) 김수현, 『부동산은 끝났다』, 오월의봄, 2011, pp. 191~192.
22) 채상욱, 『뉴스테이 시대, 사야 할 집, 팔아야 할 집』, 헤리티지, 2016, pp. 23~24.
23) 2014년도 주거실태조사, 국토교통부 발표.
24) http://www.oecdbetterlifeindex.org/topics/housing/
25) "독일 주택 부족에 주거비 부담 가중", 연합뉴스, 2014. 1. 29.
26) 이 법(일명 "rent brake", Mietpreisbremse)은 '과밀주택시장'으로 지정된 곳의 집주인들이 비슷한 규모의 집에 지역평균가의 10% 이상의 임대료를 부과하는 것을 금지한다(민법전 556d조). 임대차법 개정법은 임대차법을 다루고 있는 '독일 민법전(German Civil Code)'에 새로운 조항을 개정 추가했으며, 이런 금지안은 새로운 임대차계약에만 적용된다. 지역평균 임대료의 20%를 넘지 않지만 임차료 인상 제한선에 이미 근접한 기존 임대료는 3년의 기간 이내로 부과한다(민법전 558조). 2014년 10월 1일 이후 신축된 건물 또는 완전히 현대화된 아파트에는 이 법의 적용이 배제된다(민법전 556f). 완전히 현대화된 아파트란 신축 건물과 비슷한 수준으로 리모델링된 경우에 적용된다. 기존 세입자에게 부과된 임차료가 인상 제한선인 10%를 넘는 경우, 집주인은 새로운 세입자에게 기존 임차액까지만 임차료를 부과할 수 있다(민법전 556e).
(출처: 세계 법제정보센터 http://world.moleg.go.kr/World/Western Europe/DE/trend/36858)
27) "세계가 주목한 '임대료 상한제', 왜 실패했나", 오마이뉴스, 2016. 6. 6.
28) "공공임대의 재발견—임대주택 1가구에 9600만원 적자, LH · SH공사의 딜레마", 이데일리, 2016. 2. 16.

● 찾아보기

가

가계대출 196
가구수 증가율 123
가수요 134~136
가수요 억제 32
가처분소득 224
가처분소득 대비 주거비 부담 223
가처분소득 대비 주거비 부담 비율 224
개발부담금 34
개발이익 환수에 관한 법률 143
갭 투자 194
거래 투명화 정책 31, 33
경기부양책 38
경상수지 25, 30
경제성장률 24~25, 30, 36
경제적 지옥도 50
고금리 197
고령화 118
고전경제학 110
골드미스 124
공공임대주택 232
공급 확대 정책 31~32
공시지가 79
과세표준 79
교환가치 98
국가부채 21
국민소득 24, 27, 127
국민임대주택 32, 232
국민주택보급률 32
금리 흐름과 전세가 204
금융 자율화 29
금융부채 80
금융위기 61~68
금융자산 80

기반시설부담금제 34
기업대출 196
기업형 공공임대주택 235
기업형 임대사업 230
기존 주택 17, 141
기준금리 25, 29, 37, 43, 53

나~라

노령연금 116
뉴스테이 230, 232, 235
뉴타운 176
뉴타운 선거 179
뉴타운 해제 지구 179
다우지수 17, 36
담보권 222
대공황 49
대운하 사업 35, 38, 40
대출 확대 정책 166
도금시대 51
도시락 폭탄 36
도시재정비 촉진을 위한 특별법 177
도시환경개선사업 185
독과점 95
독일 임대시장 221
독일 자가보유율 172
디플레이션 81
랜덤워크 이론 245
록펠러 51
리먼 브라더스 36

마~바

매매가 대비 전세가 비율 137
맨큐-웨일 모델 120
멜런 독트린 50
명목가격 93
무역흑자 28
물가상승률 20

물권 191
미국 자가점유율 71
민간 임대 212
민간임대주택 235
민법 191
밴더빌트 51
버블 세븐 18, 95, 138
벤저민 그레이엄 134
보증금 222
부동산 87
부동산 담보대출 비중 197
부동산 불패신화 105, 144
부동산 임대업 214
부동산 임대차 191
부동산계의 퀴즈 101
부의 집중화 164
불로소득 55, 143
비금융자산 80
빌 게이츠 72

사
사용가치 98
생산가능인구 114
서브프라임 모기지 19, 21~22, 88, 132, 170
선순위 보증금 67
설비투자 36
세계 주요도시의 자가보유율 173
소득 1분위 가구 72
소득 대비 임대료 부담 비율 72
소득 대비 주택가격 112, 156
수요 억제 정책 31
수익형 부동산 131
숙련편향적 기술 진보설 165
슈퍼 리치 72
승수 효과 40
시세차익 135

시장금리 242
신경제 164
신고전파 경제학 110
신규 주택 17, 141
신주인수권부사채 29
실거래가 신고 33
실업률 24~25, 164
실업률 40, 49
실질가격지수 20
실질주택가격지수 95
쌍둥이 적자 163

아
아파트 가격 18
아파트의 동질화 현상 90
안티끄레티꼬 190
앨런 그린스펀 43
양극화 48
양도소득세 30, 32, 34
역사적 저점 17
연방준비제도이사회 43
오너십 소사이어티 166
완전고용 25
외화 소득 25
외환시장 36
워런 버핏 72, 109
원가연동제 34
원유 가격 17
원자재 가격 17
월세 209
월세 거래량 201
월세 제동책 226
월세전환율 225
월소득 대비 임대료 비율 225, 227
유동성 23
유럽의 병자 24

유지 · 수선비 216
이코노미스트 20
인구 증가율 123
일물일가의 원칙 88
일본 부동산 버블 28
일본 부동산 버블 붕괴 24
일본의 임대시장 235
임대 소득세 213
임대료 110~113, 222, 225
임대수익률 217
임대시장 변화 236
임대시장의 세 가지 변화 234
임대주택 71
임대차 사업법인 213
임대차 시장 229
임대차 전문기업 229
임대차보호법 222
임차가구 225
임차가구의 임대료 부담 비율 225
임차기간 222
임차인 222
임차인 보호 225

자

자가보유율 161~162, 172
자가점유율 155, 160, 211
자기실현적 예언 76~77
자본이득 89
자산재 97~101
장기 이동 평균선 93
재개발 177, 184
재건축 177, 184
재산세 34
재정정책 37
저금리 30
적자 재정정책 38~41

전세 66, 77
전세 공급 200
전세 보증금 80
전세 수요 199
전세 제도 189
전세가 202
전세가율 137, 242
전세권 191
전월세 비용 240
전월세 전환율 202
전환사채 29
전후방 산업 60
전후방 연관 효과 60
점유형태별 주거비 200
정부의 뉴스테이 지원책 231
종부세 30, 32, 34
종합부동산세 30, 32, 34
주거만족도 172
주거편의성 240
주거환경개선사업 184
주류 경제학 44
주술적 예언 18
주요국의 가처분소득 대비 주거비 부담 비율 224
주요국의 공공임대비율 212
주요국의 자가보유율 175
주택 구매시의 금융비용 240
주택 평균임대수익률 214
주택구매 리스크 243
주택담보대출 금리 242
주택담보대출 비율 30, 64~68, 80
주택보급률 145, 156, 159
주택보유세 216
주택보유율 증대전략 168~169
주택시장의 투자수익률 218

주택임차 226
주택임대차 시장 238
주택임대차보호법 65
주택재정비 사업 178
주택채권 입찰제도 34
중위가구 소득 124
지가변동률 146
지가상승률 143

차~카
차명거래 33
채권 104
청산주의 47~54
초고령화 사회 116
총부채상환비율 30
최우선변제액 65
추경예산 38
취득세 34
카네기 51
카드사태 24
케인스 51
큐비클 174
키코 36

타~하
택지 소유에 대한 법률 143
토건족 정부 32
토지공개념 143
토지초과이득세법 143
통화정책 37
퇴거명령장 235
투기 134
투자 134
투자수익 240
포효하는 1920년대 51
폴 크루그먼 51
필수재 89, 97

하르츠 개혁 24
한계효용 체감의 법칙 97
한국 소득계층별 월소득 대비 임대료 비율 227
한국 임대차 시장 209
한국 임차가구의 임대료 부담 비율 225
한국 주택임대차 시장 212
한국감정원 19
핵가족화 121
헤렌흐라흐트 지수 92
홈 에퀴티 론 170
홈리스 72
홍콩의 자가보유율 173
확정일자 80
환율정책 35
후순위 보증금 67

기타
1달러 주택 63
2차 뉴타운 178
3차 뉴타운 178
8.31 부동산 대책 34
ABC 정책 167
DTI 30~31
FRB 43
GDP 39, 59
KIKO 36
LTV 30~31, 65
OECD 행복지수 223
PIR 112, 156
RIR 72

대한민국 부동산 현실에
질문을 던지다